우리나라 재정지출 구조 변화와 대응전략

구정모 · 이현훈 · 임재영 지음

도서출판 해남

우리나라 재정지출 구조 변화와 대응전략

2012년 12월 17일 초판1쇄 인쇄
2012년 12월 21일 초판1쇄 발행

저　자　구정모 · 이현훈 · 임재영
발행인　노현철
발행처　도서출판 해남
서울특별시 서대문구 충정로 3가 227-1 우리타워 6F
전화 739-4822　팩스 720-4823
e-mail haenam30@dreamwiz.com
homepage www.hpub.co.kr
등록 1995. 5. 10 제 1-1885호

ISBN　978-89-6238-055-2　93320

머리말

우리나라 재정지출 행태는 2000년대 들어 큰 전환점을 맞고 있는데, 이는 재정지출 규모의 확대, 재정지출 구조의 변화, 재정적자의 지속 및 국가채무의 누적이라는 특성으로 요약될 수 있다.

재정지출 규모의 확대 및 구조의 변화, 재정적자 및 국가채무 문제의 현황에 대한 원인과 평가에 대해서는 다양한 입장이 존재하고 있으나 대체로 삶의 질 제고 및 사회복지 확대 등 정치 · 사회적인 요인과 나아가서 근본적으로는 우리 경제가 저성장 · 고령화 시대에 진입하게 된 구조적인 요인이 큰 영향을 미치고 있다는 견해가 지배적이다.

즉, 우리나라 재정에 관심을 갖는 연구자라면 2000년대 들어 우리나라 재정의 지출 구조 변화가 어떠한 요인과 정책적 배경에 의해 변화가 이루어져 왔으며, 어떠한 과정을 통해 전개되어 왔는지, 나아가서 이러한 변화가 우리 재정뿐만 아니라 경제 · 사회에 어떤 영향을 미칠지에 대해 깊은 관심을 가지게 되는 것은 당연하다.

따라서 이 책[1)2)]에서는 이에 대한 심층적인 분석과 최근의 중장기 재정지출의 구조 변화가 저성장 · 고령화 추세에 얼마나 적합하며,

---

1) 본 저서는 2009년도 정부재원(교육과학기술부 인문사회연구역량강화사업비)으로 한국학술진흥재단의 지원을 받아 연구되었음(KRF-2009-32A- B00029).

2) 본 저서의 실증연구 부분은 저자의 「우리나라 재정지출구조 구조변화요인 분석: OECD 국가와의 비교」, 『한국경제연구』, 제30권 제2호(2012년 6월), pp. 5-39 내용을 정리하여 게재하였음.

복지정책의 확대가 소득재분배 및 사회 전체의 성장잠재력 제고에 얼마나 기여하였는지를 분석하여 재정지출의 확대 및 재정 구조 변화를 평가하고자 한다.

특히, 경제사회 발전에 따른 이러한 재정의 변화는 OECD 각국들도 이미 유사한 경험을 겪었기에 OECD 국가와의 비교연구도 흥미로우며 유용한 시사점을 제공해 줄 것이다.

2012년 12월

저자 씀

차례

제 1 장
서론

서론

그 동안 우리나라 재정은 1970년대 고도성장기를 지나 1980년대부터는 단기균형과 건전성에 중점을 둔 재정의 역할을 지향하였으며, 외환위기 이전까지는 중앙정부 통합재정 규모를 GDP 대비 20% 미만[1] 수준에서 운용하여 왔다.

그러나 외환위기 이후 확대된 양극화와 저출산 및 고령화 추세가 심화되면서 이에 대응하기 위한 보다 적극적인 재정운용 필요성이 높아졌다. 2000년대에 들어서면서 정부는 복지를 사회투자로 재정립하고 새로운 성장전략으로 제시함에 따라 GDP 대비 재정지출의 비중이 크게 확대되었다. 교육 · 의료 · 주거 등 국민들에게 최소한의 기본 생활을 보장하고, 미래 성장동력 육성 및 안전 등 공공서비스가 확대됨에 따라 통합재정 규모 및 비중이 확대된 것이다.

특히, 2004년 이후 정부 재정지출에서 복지 분야 지출 규모가 경

1)

연도	1985	1990	1995	1998	2000	2005	2009	2012
GDP 대비 재정 비중(%)	18.7	19.0	17.9	23.8	21.4	21.6	25.2	22.1

자료: 기획재정부.
주: 2012년은 예산.

제 분야 지출 규모를 넘어서게 되었는데, 이는 정부의 재정운용 중장기 방향의 구조적 변화가 이루어지고 있음을 보여 주고 있다.

과거 복지예산은 선성장 후분배라는 재정 구조의 성격이 강하였으나, 외환위기 이후 사회안전망이 강화되고 복지예산이 대폭 확충되었다. 특히, 2003년 들어서는 복지를 사회투자로 재정립하고, 사람에 대한 투자를 통해 사회 전체의 성장잠재력을 발휘함으로써 지속성장을 가능하게 하는 새로운 성장전략을 제시하였다. 그러나 복지지출 비중이 28%까지 확대되어 경제 분야 지출 비중을 크게 상회하게 되었다. 하지만 성장을 우선시하는 최근의 정책기조하에서도 복지논쟁 가열에 따른 여파로 복지지출 비중은 지속적으로 증가되고 있는 추세이다.

따라서 이 책에서는 2000년대 들어 우리나라 재정의 지출 구조 변화가 어떠한 요인과 정책적 배경에 의해 변화가 이루어져 왔으며, 어떠한 과정을 통해 전개되어 왔는지를 심층적으로 분석하는 데 있다. 또한 최근의 중장기 재정지출의 구조 변화가 저출산 및 고령화 추세에 얼마나 적합하며, 복지정책의 확대가 소득재분배 및 사회 전체의 성장잠재력 제고에 얼마나 기여하였는지를 분석하여 재정지출의 확대 및 재정 구조 변화를 평가하고자 한다.

이 책의 구성은 제2장에서 우리나라의 재정지출 구조의 특성을 살펴보고, 제3장에서는 우리나라 재정지출 구조 및 재원 배분에 대한 결정 요인을 분석하기 위해 분석모형을 설정하고 시계열 분석을 통해 재정지출 구조의 결정 요인을 규명하고자 한다. 제4장에서는 OECD 국가들의 재정지출 구조 변화 요인, 특히 복지지출 구조를 중심으로 변화 요인을 분석하여 우리나라 재정 구조의 변화 요인들과 비교함으로써 재정지출 구조 변화의 실증적 국제비교 연구를 시도하고 아울러 정책적 시사점을 도출하고자 하며, 제5장에서 마무리하게 된다.

이 책은 우리나라의 재정지출 구조 변화 요인 및 국제적 연동성을 파악함으로써 향후 재정 구조가 재정수입은 줄고 재정지출은 늘어 가는 적자 구조로 변모해 갈 가능성이 높아지는 사회 · 경제적 환경하에서 재정건전성을 확보하고 바람직한 재정지출 구조로 전환하는 데 활용할 수 있다.

제 2 장

최근 우리나라 재정의 변화 추이와 국제비교

최근 우리나라 재정의 변화 추이와 국제비교

최근 들어 우리나라 재정은 지출 규모 및 지출 구조에 있어 큰 변화를 나타내고 있는데, 이는 재정지출 규모의 확대, 재정지출 구조의 전환, 관리대상 수지[1]를 중심으로 한 재정적자의 지속 및 국가채무의 누적이라는 특성으로 요약할 수 있다. 본 장에서는 이에 대해 심도 있게 살펴보고, OECD 국가와의 국제비교를 통해 최근 우리나라 재정의 특성 및 향후 정책적 과제에 대한 시사점을 논의하고자 한다.

1. 재정지출 규모의 확대

가. 통합재정지출의 변화 추이

우리나라 재정은 고도성장을 이룩하기 시작한 1970년대를 지나 1980년대부터는 재정의 역할을 단기균형과 건전성에 중점을 두기 시작하였으며, 그 후 국가위기 이외에는 재정 규모를 GDP 대비 20% 미

1) 관리대상수지는 사회보장성기금을 제외한 통합재정수지에서 공적자금 상환에 필요한 재원 중 국채로 전환된 부분을 조정한 수지임.

만 수준에서 운용하여 왔다. 하지만 외환위기 이후 확대된 양극화와 저출산 및 고령화 추세가 심화되면서 이에 대응하기 위한 보다 적극적인 재정운용 필요성이 높아졌으며, 2003년 들어 정부는 복지를 사회투자로 재정립하고 새로운 성장전략으로 제시함에 따라 GDP 대비 재정지출의 비중이 크게 확대되었다.

우리나라 통합재정지출[2]의 비중은 1995년에 GDP 대비 18.0%에 불과하였으나 최근 들어 증가 추세를 지속하여 2010년에 27.8%에 이르게 되었다. 외환위기 직후인 1998년에는 23.8%을 기록하였는데, 이는 위기 극복을 위해 일시적으로 재정지출을 크게 확대한 데 따른 것이며, 이후 2002년의 19.9%에 이를 때까지 지속적으로 감소하였다. (〈표 2-1〉 참조)

여기서 주목하여야 할 점은 통합재정지출 규모는 2003년 이후 꾸준히 증가하여 2007년에 27.5%를 기록하였다. 이는 2003-2007년 기간 중 교육 · 의료 · 주거 등 국민들에게 최소한의 기본 생활을 보장하고, 미래 성장동력 육성 및 안전 등 공공서비스가 확대됨에 따라 통합재정 규모 및 비중이 확대되는 추세에 기인하지만, 기본적으로는 복지분야 지출의 급격한 확대에 따른 것이다.

더구나 2008년 글로벌 금융위기로 인한 확장적 재정정책에 따라 2009년에는 통합재정지출 비중이 33.1%까지 확대되었다. 특히, 최근의 통합재정지출 변화 추이의 또 하나의 특징은 2000-2002년 기간 중 통합재정지출의 증가율이 명목GDP 증가율을 하회하였지만 2003년

2) 중앙정부의 통합재정 규모는 2006년에 한국이 24.6% 인 데 반해서 스웨덴 37.6%, 네덜란드 41.0%, 프랑스(2001) 46.5%, 영국(2002) 37.7%, 미국 21.1%임.

〈표 2-1〉 통합재정지출의 변화 추이

(단위: %)

연도	통합재정지출/명목GDP	통합재정지출 증가율	명목GDP 증가율
1997	20.4	7.0	9.5
1998	23.8	18.8	-1.4
1999	22.9	13.8	9.4
2000	22.3	6.9	9.3
2001	22.0	7.3	7.5
2002	19.9	-0.5	10.0
2003	22.7	7.6	5.9
2004	22.3	5.6	7.5
2005	23.2	6.8	4.0
2006	24.6	9.6	4.6
2007	27.5	2.9	7.3
2008	28.9	10.7	5.3
2009	33.1	18.6	3.7
2010	27.8	-7.4	10.1

자료: 재정경제부, 한국은행.

이후는 통합재정지출이 명목GDP보다 빠른 속도로 증가한 점이다.

나. 재정지출 규모의 국제비교

지난 1995-2005년 기간 중 우리나라의 재정지출 증가율은 OECD 국가 중 1위 수준이다. 1994-2005년 기간 동안 정부의 재정지출은 연평균 11.36% 증가하였는데, 이는 OECD 국가의 평균치인 4.99%와 비교해 두 배 이상의 수준으로 재정이 팽창하여 왔음을 보여 준다.

1995-2000년 기간 중 재정지출 증가율은 10.69%인데, 이는 OECD 평균의 2배 이상인 수준이며 비교대상국 20개국 중 1위를 차지하고 있다. 2000-2005년 기간 동안의 연평균 재정지출 증가율은 11.05%를 기록하였으며, 이 기간 역시 OECD 국가 중 1위 수준을 나타내고 있다.(〈그림 2-1a〉, 〈그림 2-1b〉 참조) 국가별 연평균 증가율을 보면 미국 5.19%, 독일 1.90%, 일본 0.04%로서 우리나라 재정이 상당히 빠른 속도로 확대되어 왔음을 알 수 있다. 이러한 재정지출의 빠른 팽창은 경제활력과 잠재성장률에 악영향을 줄 가능성이 확산되고 있다.

우리나라의 재정지출 증가율을 1995-1997년, 1998-2002년, 2003-2005년 등 정부별 기간 동안 OECD 국가의 재정지출 증가율과 비교해 보면, 1995-1997년 기간 중 정부지출은 크게 확대하였고, 1998-2002년 들어서는 재정지출 증가율이 소폭 축소되었으며, 2003-2005년 시기에 와서 다시 재정지출이 급격하게 팽창하는 경향을 보이고 있다. 1995-1997년 기간 중 재정지출 증가율은 15.46%로 OECD 비교대상국 중 최고 수준인데, 2위인 아일랜드(6.37%)와도 현격한 차이를 보이고 있다. 이후의 1998-2002년, 2003-2005년 기간과 비교해도 재정지출 증가율이 상당히 높았던 시기였다. 1998-2002년 시기에는 외환위기로 인해 IMF의 정부 부문 축소 요구에 따라 재정지출 증가율이 크지 않았음에도 동 기간 중 연평균 재정 증가율은 9.10%로 아일랜드(11.90%), 아이슬란드(10.81%)에 이어 3위를 차지하고 있다. 2003-2005년 기간 들어서는 재정지출은 큰 폭으로 증가하게 되었는데, 동 기간 중 연평균 지출 증가율은 11.13%로 OECD 국가 평균 4.09%의 4배에 달할 정도로 OECD 국가 중 가장 높은 수준을 나타내고 있다.

〈그림 2-1〉 OECD 국가의 기간별 재정지출 증가율

〈그림 2-1a〉

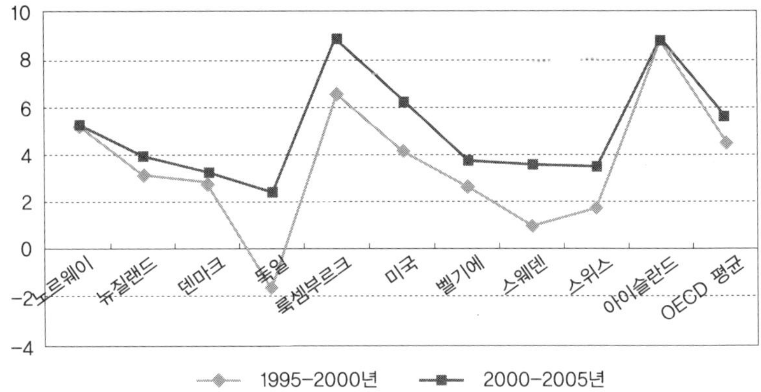

자료: OECD, *National Accounts*, 2006.

〈그림 2-1b〉

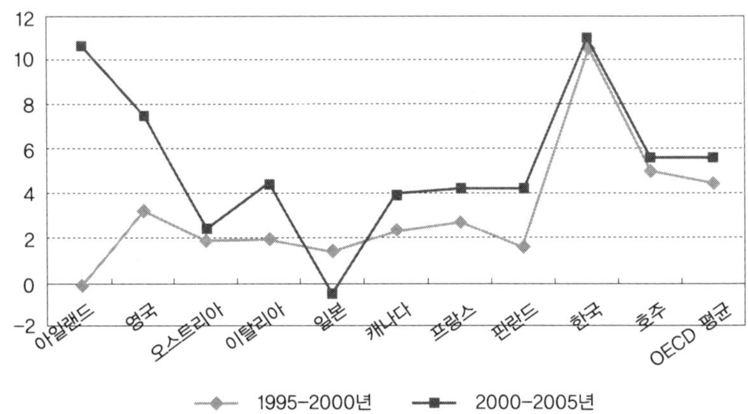

자료: OECD, *National Accounts*, 2006.

즉, 1995-1997년, 1998-2002년, 2003-2005년 등 정부별 기간 모두 주요국에 비해 현저히 높은 재정지출 증가율을 보이고 있는데, 이는 다른 나라와 비교하여 월등히 높은 재정지출 증가율을 계속해서 기록하였다는 것은 우리나라 재정의 비대화가 지속적으로 진행되어 왔으며 최근 들어 가속화되고 있음을 나타내고 있다. 반면, 글로벌 금융위기 이전까지는 독일, 일본 등의 경우는 재정지출 증가율이 감소하는 추세에 있으며, 영국, 미국 및 캐나다 등은 1995-1997년, 1998-2002년, 2003-2005년 기간 중 순차적으로 재정지출이 증가하는 추세를 보이고 있다.(OECD, *National Accounts*, 2006)

다. 재정지출 증가율과 경제성장률의 국제비교

우리나라의 재정지출 규모는 지난 십수 년간 빠른 속도로 팽창하여 왔는데, 이는 경제활력과 잠재성장률에 부정적 영향을 줄 수 있기 때문에 재정지출 증가율과 경제성장률 간의 국제비교는 현재의 우리나라 재정의 역할과 관련하여 중요한 의미를 갖는다.

1990-2003년 동안 우리나라의 명목GDP의 연평균 증가율은 11.13%이며, 같은 기간 동안 재정지출 증가율은 연평균 14.99%로 두 지표 간 격차는 −3.86%포인트인데, 이러한 차이는 OECD 비교대상국 중 가장 큰 격차를 보여 주고 있다.(〈그림 2-2a〉, 〈그림 2-2b〉 참조) 이는 GDP 증가율에 비해 정부의 재정지출 증가율이 더 높다는 것을 의미하며 경제성장률에 비해 재정지출을 무리하게 확내시킨 것으로 분석된다.

OECD 20개국 중 경제성장률을 웃도는 재정지출 증가율을 기록한 나라는 한국, 뉴질랜드, 독일, 룩셈부르크, 스위스, 아이슬란드, 영국,

〈그림 2-2〉 GDP 증가율과 재정지출 증가율의 국제비교

〈그림 2-2a〉

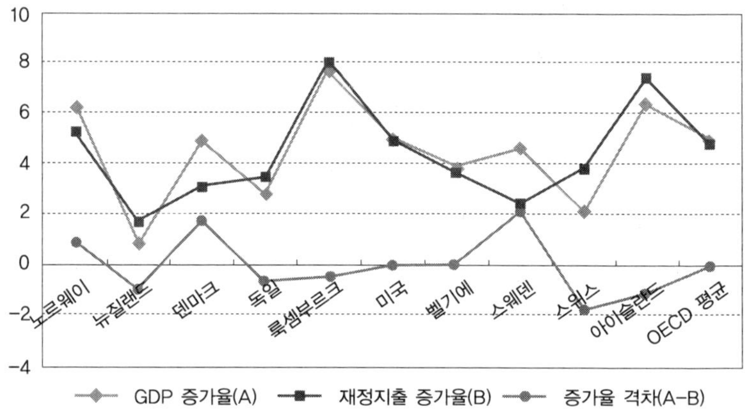

자료: OECD, *National Accounts*, 2006.

주: GDP 및 재정지출 증가율은 1990-2003년 기간 중 연평균임. 단, 독일은 1991-2003년, 스웨덴은 1993-2003년 통계임.

〈그림 2-2b〉

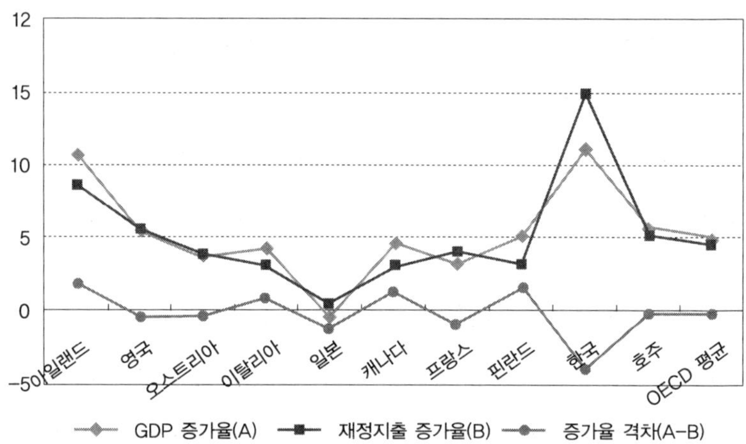

자료: OECD, *National Accounts*, 2006.

주: GDP 및 재정지출 증가율은 1990-2003년 기간 중 연평균임. 단, 이탈리아 및 핀란드는 1996-2003년, 일본은 1997-2003년 통계임.

프랑스뿐이며, 대체로 재정팽창률이 GDP 증가율보다 낮은 수치를 기록하고 있다. 미국, 캐나다, 스웨덴, 덴마크 핀란드 등 주요 선진 복지국가들은 GDP 증가율보다 낮은 재정 증가율을 보이고 있다.

우리나라의 GDP 증가율과 재정지출 증가율의 차이를 1993-1997년, 1998-2002년, 2003-2005년 등 우리나라 정부별 기간 동안 OECD 국가의 GDP 증가율과 재정지출 증가율의 차이와 비교해 보면, 세 정부 기간 모두 그 격차가 OECD 국가 중 가장 큰 경향을 나타내고 있다. (〈그림 2-3〉, 〈그림 2-4〉, 〈그림 2-5〉 참조)

특히, 우리나라 정부별 GDP 증가율과 재정지출 증가율의 차이는 1998-2002년 < 1993-1997년 < 2003-2005년 기간의 순으로 나타나고 있다. 그런데 세 정부 모두 GDP 증가율보다 재정지출 증가율이 더 높아 1990년대 들어 정부부문의 팽창이 지속적으로 이루어지고 있으며, 특히 2000년대 들어서는 그 속도가 더 빨라지는 등 과도한 재정지출 패턴을 보여 주고 있다.

1993-1997년 기간은 세 정부 중 경제성장률과 재정팽창률이 가장 높은 정부였으며, 1994-1997년 기간 중 GDP 증가율과 재정지출 증가율의 격차는 −2.44로 OECD 20개 국가 중 1위를 차지하고 있다. 즉, GDP 증가율이 높았던 시기이나 재정지출 증가율 역시 상대적으로 더 높은 무리한 재정지출 구조를 보여 주고 있다.(〈그림 2-3a〉, 〈그림 2-3b〉 참조)

1998-2002년 기간 중의 재정지출 증가율은 1993-1997년 기간보다는 둔화되었으나 여전히 GDP 증가율을 상회하였다. 이는 당시 외환위기로 인해 정부부문이 대폭 축소되었으며, 그 결과 재정지출 증가

〈그림 2-3〉 GDP 증가율과 재정지출 증가율의 국제비교(1993-1997)

〈그림 2-3a〉

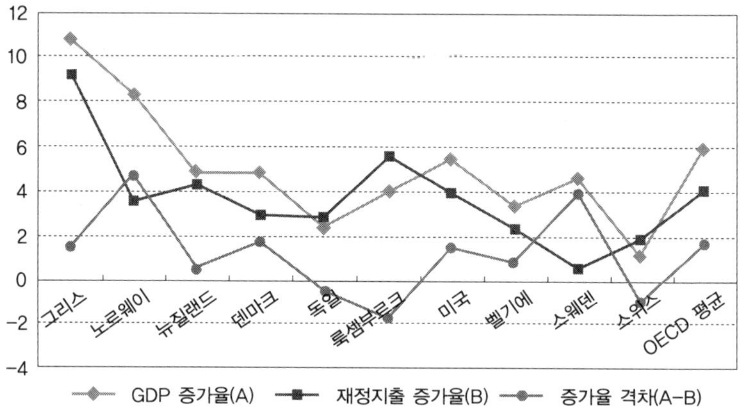

자료: OECD, *National Accounts*, 2006.

〈그림 2-3b〉

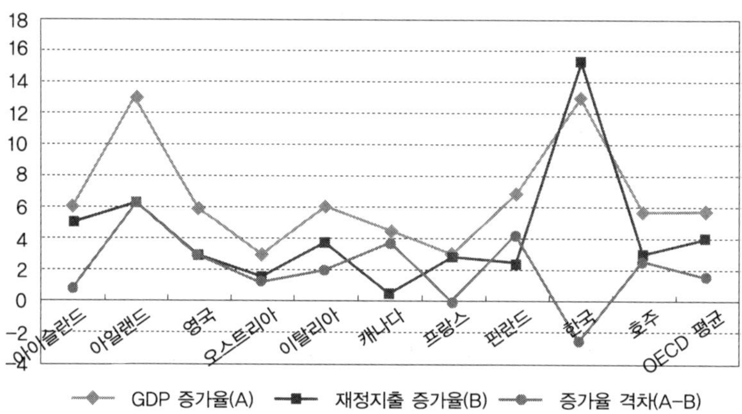

자료: OECD, *National Accounts*, 2006.

〈그림 2-4〉 GDP 증가율과 재정지출 증가율의 국제비교(1998-2002)

〈그림 2-4a〉

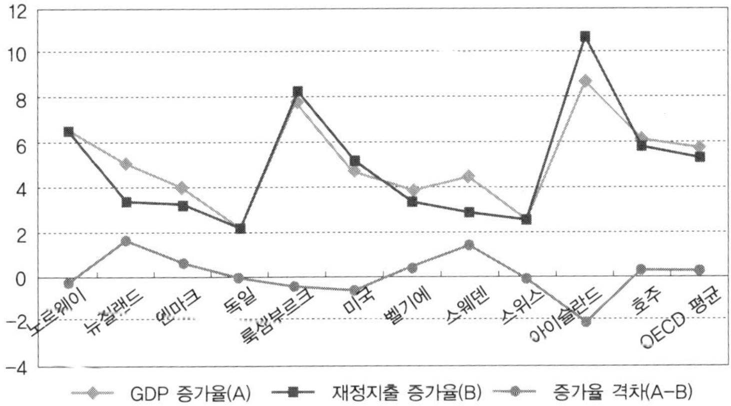

자료: OECD, *National Accounts*, 2006.

〈그림 2-4b〉

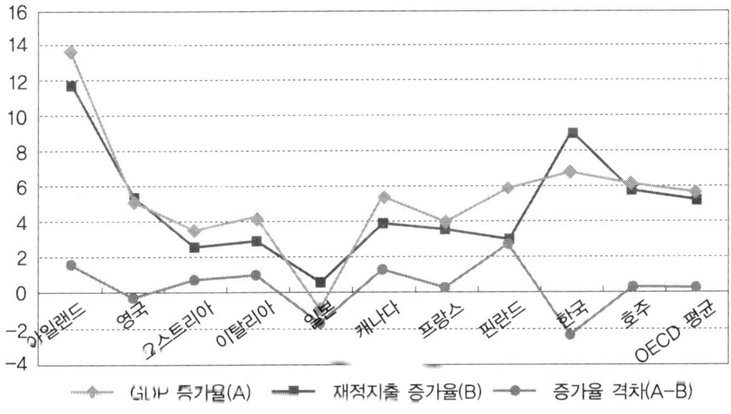

자료: OECD, *National Accounts*, 2006.

〈그림 2-5〉 GDP 증가율과 재정지출 증가율의 국제비교(2003-2005)

〈그림 2-5a〉

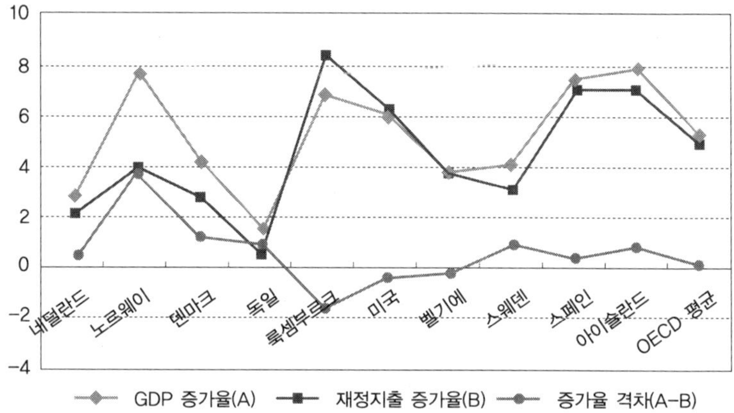

자료: OECD, *National Accounts*, 2006.

〈그림 2-5b〉

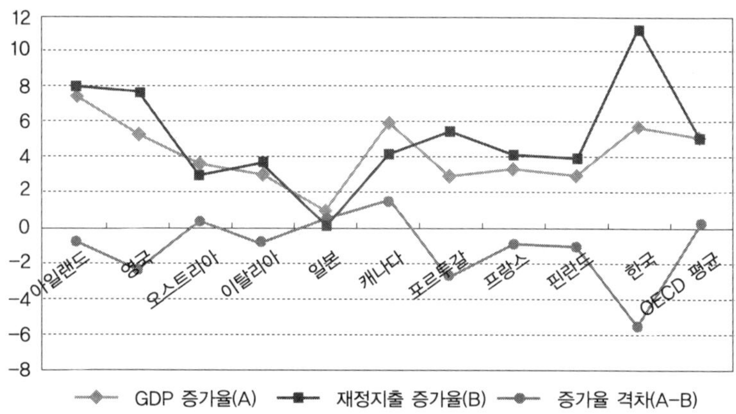

자료: OECD, *National Accounts*, 2006.

율 역시 둔화되었다. 그러나 재정지출 증가율이 역시 GDP 증가율을 앞지르고 있어 재정격차는 여전히 OECD 국가 중 최고 수준이었다. (〈그림 2-4a〉, 〈그림 2-4b〉 참조)

2003-2005년 기간 중에는 GDP 증가율과 재정팽창률의 격차가 세 정부 중 가장 컸던 기간인데, 2002-2005년 사이 GDP 증가율과 재정지출 증가율의 격차는 −5.49%포인트로 역대 정부 중 최고 수준이다. 이와 같은 수치는 동 기간 중 재정격차 순위로 2위인 포르투갈(−2.62), 3위인 영국(−2.34)과도 큰 격차를 보이고 있다.

이는 동 기간 중 GDP 증가율은 둔화된 반면, 정부의 재정지출이 큰 폭으로 증가한 것에 기인한 것으로 분석되며, OECD 평균과의 격차는 2003-2005년 기간 중 가장 심화되는 경향을 나타내고 있다.(〈그림 2-5a〉, 〈그림 2-5b〉 참조)

2. 재정지출 구조의 변화

가. 지출 구조의 변화 추이

통합재정지출 규모의 확대와 더불어 진행된 또 다른 특성은 2004년 이후 재정지출 구조에 큰 변화가 오게 된 점인데, 이는 복지 분야 지출 규모가 경제 분야 지출 규모를 넘어서면서 정부의 재정운용의 중장기 방향에 구조적 변화가 이루어짐에 따라 나타나는 현상이다.

과거 복지예산은 선성장 후분배의 재정 구조 성격이 강하였으나, 외환위기 이후 사회안전망이 강화되면서 복지예산이 대폭 확충되었다. 특히, 2003년 이후에는 복지를 사회투자로 재정립하고, 사람에 대

〈표 2-2〉 분야별 재정지출 비중 추이

(단위: %)

구분	1987	1992	1997	2002	2006	2010
경제	17.7	18.7	24.5	22.6	18.4	14.6
복지	14.3	17.9	17.9	19.9	28.4	27.3
국방	25.5	19.3	13.3	11.6	11.5	8.5

자료: 재정경제부, 한국은행.

한 투자를 통해 사회 전체의 성장잠재력을 발휘함으로써 지속성장을 가능하게 하는 새로운 성장전략을 제시하였다. 따라서 2006년에는 복지지출 비중이 28.4%까지 확대되어 경제 분야 지출 비중을 크게 상회하게 되었다.

전체 재정 규모에서 1990년대 가장 큰 비중을 차지하였던 경제개발 분야는 1997년 24.5%에서 2006년 18.4%까지 축소된 반면, 복지지출 비중은 1997년 17.9%에서 2006년 28.4%까지 확대되었으며, 2004년부터는 복지지출 비중이 경제 분야를 넘어서게 되었다.(〈표 2-2〉 참조)

〈표 2-3〉에서 전체 재정 규모에서 경제개발 분야(경제업무+주택지역개발)가 차지하는 기능별 지출 비중을 살펴보면 1995년 11.8%, 2000년 13.2%, 2005년 26.1%, 2007년 13.1%, 2009년 13.8%로 2000년대 들어 증가하였으나 2003년 이후 지속적으로 그 비중이 감소하였다. 한편, 보건복지 분야 비중은 동 기간 중 14.8%, 18.9%, 24.2%, 29.7%, 28.2%로 2000년대 들어 꾸준히 확대되었는데, 2006년부터는 보건복지지출 비중이 경제개발 분야 비중을 넘어서게 되었다. 한편, 교육 분야는 동

〈그림 2-6〉 기능별 재정지출 구조 변화 추이

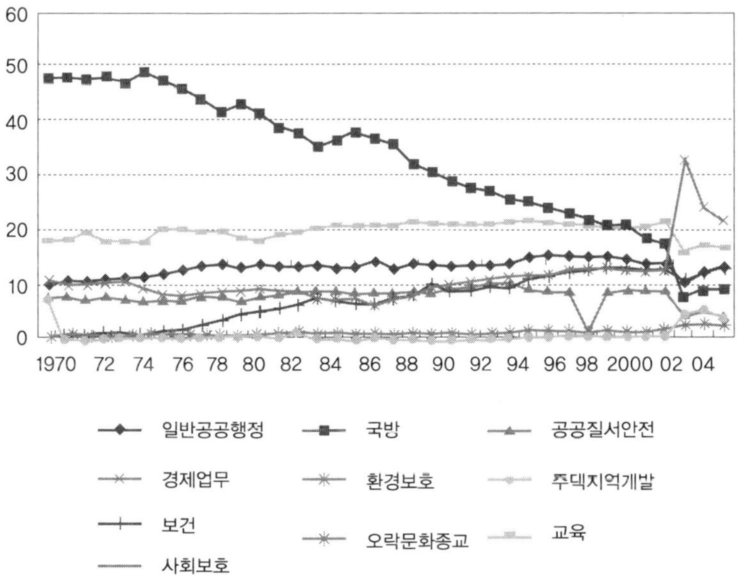

자료: 한국은행(2004) 및 OECD(2006), *SNA*.

기간 중 22.0%, 20.3%, 17.0%, 19.7% 19.9%로 그 비중은 2000년대 중반에는 감소하였으나 최근 들어 약간 증가하는 추세를 나타내고 있다.

기타 분야(일반공공행정+국방+공공질서안전+환경보호+오락문화종교)는 동 기간 중 51.3%, 47.7%, 32.8%, 37.% 38.1%로 지속적으로 감소하는 추세이다. 이와 같이 우리나라 재정의 기능별 지출 구조는 지난 20년간 큰 변화를 나타내고 있는데, 특히 2000년대 들어서의 변화는 경제 분야의 비중은 지속적으로 감소하는 반면 복지보건 분야의 비중은 상대적으로 꾸준히 증가하고 있는 점이 두드러진다.(〈그림 2-6〉 참조)

〈표 2-3〉 기능별 재정지출 구조 변화 추이

(단위: %)

연도	총 재정 지출	일반 공공 행정	국방	공공 질서 안전	경제 업무	환경 보호	주택 지역 개발	보건	오락 문화 종교	교육	사회 보호
1980	100.0	13.0	43.0	7.6	8.5	0.5	1.7	4.6	0.8	18.4	1.9
1985	100.0	13.1	36.6	8.8	8.5	0.6	0.7	7.2	0.7	21.0	2.9
1990	100.0	13.6	30.6	8.7	8.9	0.9	0.3	9.9	1.0	21.4	4.7
1995	100.0	14.9	24.8	9.5	11.1	1.3	0.7	10.8	0.8	22.0	4.0
2000	100.0	14.8	20.8	9.3	12.5	1.5	0.7	14.8	1.2	20.3	4.1
2001	100.0	13.8	18.4	9.3	12.6	1.3	0.8	18.0	1.1	20.6	4.1
2002	100.0	13.9	17.4	9.6	12.7	1.5	0.7	17.1	1.3	21.6	4.2
2003	100.0	10.3	7.9	4.5	32.4	2.4	4.6	10.5	2.5	15.9	9.0
2004	100.0	12.1	8.8	4.8	24.2	3.1	5.4	11.5	2.7	17.1	10.4
2005	100.0	13.1	9.3	4.7	22.1	2.9	4.0	12.4	2.8	17.0	11.8
2006	100.0	14.1	13.6	7.4	12.3	1.8	0.6	16.7	1.2	20.6	11.7
2007	100.0	13.8	13.3	7.2	12.5	1.9	0.6	16.7	1.3	19.7	13.0
2008	100.0	13.7	13.6	7.1	12.7	1.9	0.6	16.8	1.2	19.9	12.5
2009	100.0	14.1	13.7	7.0	13.1	2.0	0.7	18.5	1.3	19.9	9.7

자료: 한국은행(2010) 및 OECD(2004), SNA.

주: 2002년까지의 통계는 OECD(2004)에 따른 것이며, 그 이후는 국민계정의 기준년 개편 결과에 따라 한국은행 통계에서 인용함에 따라 2003년 전후의 연속성에 제약이 있지만 연도별로 분야별 지출 비중을 비교하는 데에는 별다른 문제가 없음.

우리나라의 기능별 재정지출을 OECD 국가와 비교해 보면, 복지 분야(보건+사회복지)의 비중은 2005년에는 24.17%로 OECD 평균 47.36%보다는 크게 낮은 수준이며, 경제 분야(경제업무+주택지역개발)의 비중은 26.04%로 OECD 평균 13.23%보다 여전히 높은 수준이다.(〈표 2-4〉 참조)

한편, 교육 분야는 16.99%로 OECD 평균 13.52%보다 약간 높으며,

〈표 2-4〉 기능별 재정지출 구조의 국제비교

(단위: %)

		총 재정 지출	일반 공공 행정	국방	공공 질서 안전	경제 업무	환경 보호	주택 지역 개발	보건	오락 문화 종교	교육	사회 보호
노르웨이	2005	100.0	9.36	3.72	2.44	8.94	1.35	1.44	17.26	2.60	13.90	38.98
뉴질랜드	2005	100.0	8.62	2.33	4.39	8.45	2.16	2.23	16.17	4.89	18.40	32.36
독일	2005	100.0	13.08	2.36	3.45	7.42	1.07	2.14	13.30	1.37	8.87	46.95
덴마크	2004	100.0	13.47	2.88	1.85	6.53	0.96	1.27	13.40	3.09	14.82	41.74
러시아	2005	100.0	10.80	18.48	19.22	11.08	0.32	6.88	12.34	2.65	11.22	27.53
미국	2005	100.0	13.35	11.61	5.67	10.13	-	1.74	20.34	0.83	17.05	19.27
스위스	2002	100.0	13.86	3.17	4.63	11.38	1.74	1.17	11.07	2.46	15.38	35.13
슬로바키아	2005	100.0	16.64	3.99	5.11	12.18	1.79	2.20	16.33	2.16	9.79	29.81
아이슬란드	2002	100.0	16.06	-	4.20	14.85	-	2.46	19.86	6.51	15.75	20.32
영국	2005	100.0	10.84	6.01	5.71	6.12	2.15	2.23	16.50	1.88	12.74	35.13
일본	2004	100.0	13.59	2.62	3.82	10.66	3.61	1.91	19.03	0.41	10.68	32.55
체코	2005	100.0	12.51	3.16	5.19	17.32	2.96	3.91	14.56	2.48	9.69	29.19
캐나다	2005	100.0	14.13	2.65	4.88	8.41	1.70	1.90	18.72	2.54	15.15	29.93
폴란드	2005	100.0	13.80	2.93	4.52	8.41	1.44	2.56	9.83	1.91	13.03	41.57
프랑스	2005	100.0	13.44	3.58	2.59	5.40	1.52	3.40	13.65	2.77	11.48	42.16
한국	2005	100.0	13.08	9.34	4.70	22.07	2.90	3.97	12.42	2.77	16.99	11.75
호주	2005	100.0	12.18	4.49	4.66	11.66	1.27	2.51	17.82	2.47	14.91	28.04
OECD 평균	-	100.0	12.87	4.90	5.12	10.65	1.58	2.58	15.45	2.58	13.52	31.91

주: 한국은 중앙정부 지출 통계이며, 외국은 일반정부 통계임.

기타 분야(일반공공행정+국방+공공질서안전+환경보호+오락문화종교)는 32.80%로 OECD 평균 25.89%는 상당히 높은 수준을 유지하고 있다.

국가별 비교에 있어서는 노르웨이, 뉴질랜드, 독일, 덴마크, 스위스, 영국, 프랑스 등은 복지 분야 비중이 상당히 높고 경제 분야 비중

〈그림 2-7〉 기능별 재정지출 구조의 국제비교

〈그림 2-7a〉

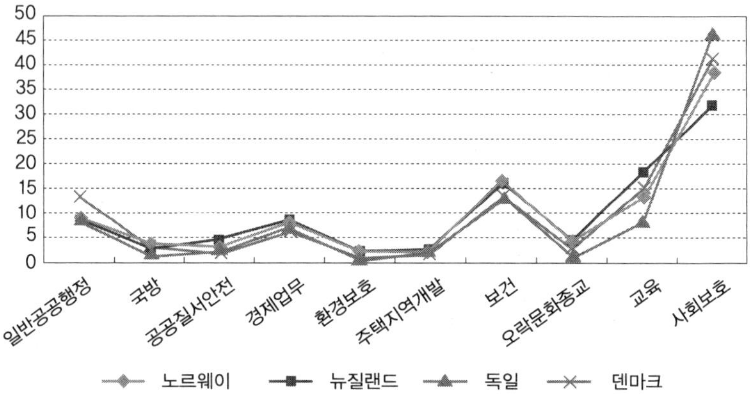

자료: IMF, *Government Finance Statistics Yearbook*.
주: 덴마크는 2004년 통계이며, 기타 국가는 2005년 통계임.

〈그림 2-7b〉

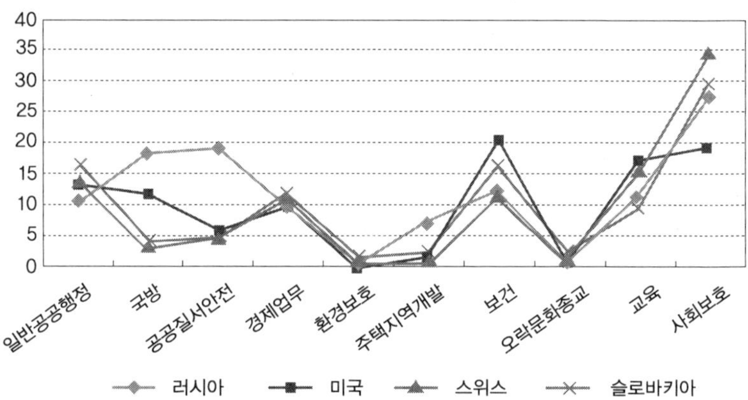

자료: IMF, *Government Finance Statistics Yearbook*.
주: 스위스는 2004년 통계이며, 기타 국가는 2005년 통계임.

이 상대적으로 낮은 지출 구조를 보여 주고 있다.(〈그림 2-7〉 참조)

〈그림 2-7〉 계속

〈그림 2-7c〉

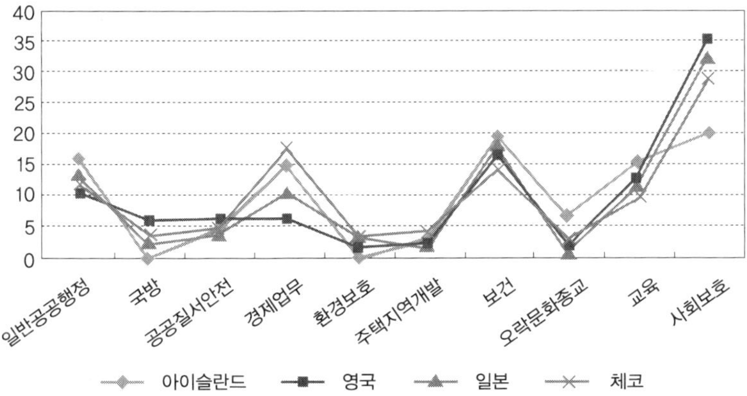

자료: IMF, *Government Finance Statistics Yearbook*.
주: 일본은 2004년 통계이며, 기타 국가는 2005년 통계임.

〈그림 2-7d〉

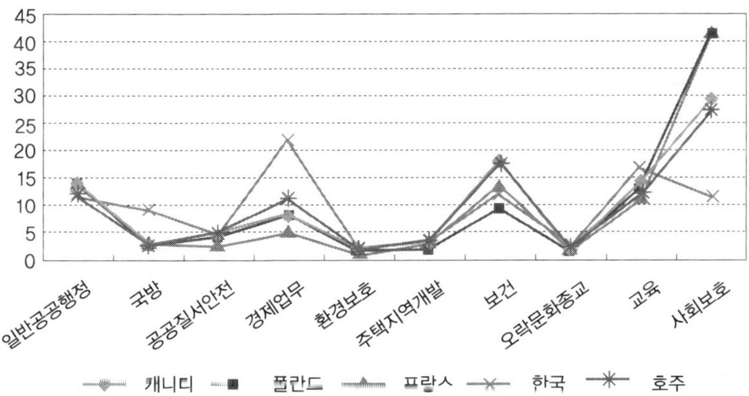

자료: IMF, *Government Finance Statistics Yearbook*.
주: 2005년 통계임.

〈표 2-5〉 복지재정지출 구조 및 변화 추이

(단위: 조 원, %)

연도	사회복지 분야(A)	보건 분야 (B)	복지재정 지출 (C=A+B)	총재정지출 (D)	총지출 대비 복지재정 지출(C/D)
1997	15.5	2.4	17.9	100.3	17.8
1998	17.0	1.7	18.7	115.4	16.2
1999	17.7	2.3	20.0	121.0	16.5
2000	21.8	2.3	24.1	129.3	18.6
2001	26.2	3.7	29.9	138.0	21.6
2002	28.3	3.5	31.8	156.6	20.3
2003	30.5	4.4	34.9	169.8	20.6
2004	39.4	4.8	44.2	196.2	22.5
2005	47.0	5.1	52.1	208.7	24.9
2006	50.5	5.5	56.0	224.1	25.0
2007	56.1	5.3	61.4	237.1	25.9
연평균 증가율	17.3	6.5	16.1	6.5	-

자료: 기획재정부, 국회예산정책처.

나. 복지지출 비중의 국제비교

우리나라의 최근의 재정지출 구조의 변화 추이를 살펴본 바와 같이 앞으로 예상되는 가장 큰 변화 중 하나는 복지지출이 지속적으로 확대될 것이라는 점이다. 우리나라의 복지지출은 앞에서 보았듯이 OECD 국가에 비해 상당히 낮은 수준이지만 빠른 속도로 그 비중이 증가하고 있다.

〈표 2-5〉에서 알 수 있듯이, 특히 1997-2007년 기간 중 우리나라 각

〈그림 2-8〉 OECD 국가의 사회복지지출 비중(GDP 대비)

〈그림 2-8a〉

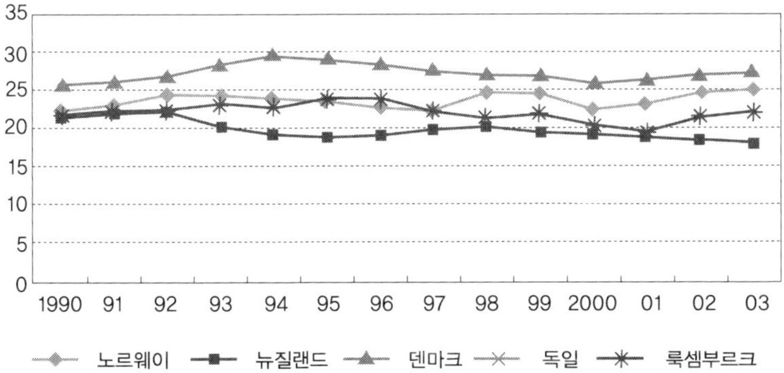

자료: OECD, *The OECD Social Expenditure Database*, 2007.

〈그림 2-8b〉

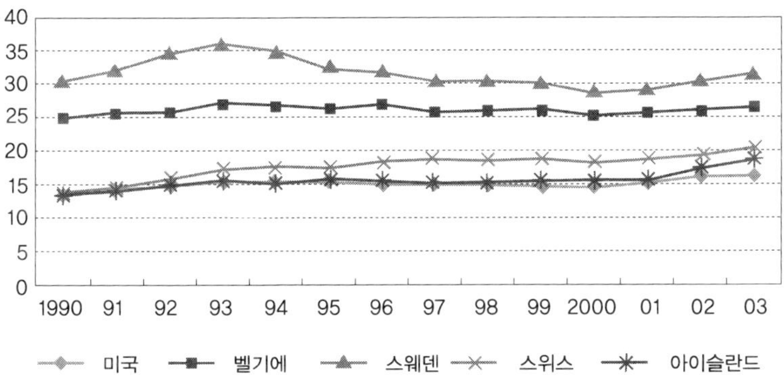

자료: OECD, *The OECD Social Expenditure Database*, 2007.

분야 재정지출 중 복지재정 증가율은 연평균 16.1%로 가장 컸으며, 총 재정지출이 연평균 6.5%씩 증가한 데 비해 급격한 팽창을 보여 주고

〈그림 2-8〉 계속

〈그림 2-8c〉

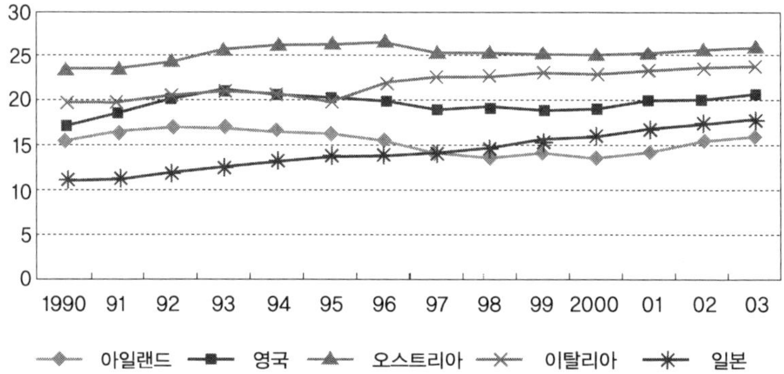

자료: OECD, *The OECD Social Expenditure Database*, 2007.

〈그림 2-8d〉

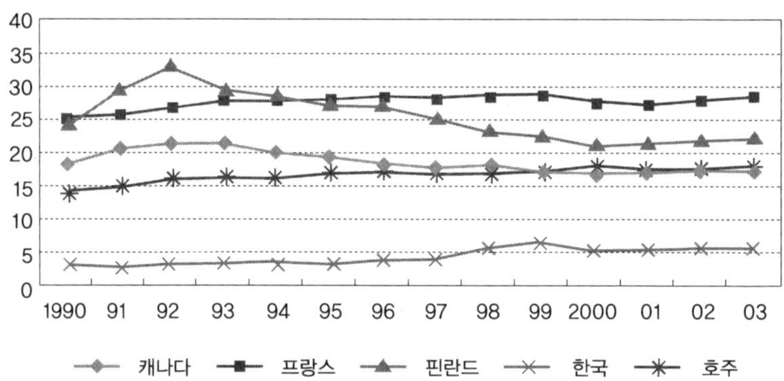

자료: OECD, *The OECD Social Expenditure Database*, 2007.

있다. 더구나 복지재정지출의 확대는 보건 분야 지출 연평균 증가율(6.5%)보다는 사회복지 분야 지출의 연평균 증가율(17.3%)에 크게 의존하고 있음을 알 수 있다.

우리나라 복지지출의 비중을 OECD 국가와 단순 비교해 보면 우리나라 공공복지지출은 2003년에 GDP 대비 5.7% 수준이며, 이는 OECD 평균 20.7%보다 현격히 낮은 수준이다.(〈그림 2-8〉 참조)

비교대상국 20국 중 공공복지지출의 비중은 2003년 기준으로 스웨덴이 31.3%로 가장 높고, 오스트리아, 벨기에, 덴마크, 핀란드, 프랑스, 독일, 이탈리아, 룩셈부르크, 노르웨이, 스위스, 영국 등은 20% 수준을 상회하고 있다. 10% 이하인 국가로서는 우리나라가 유일하며 미국, 일본 등이 10% 중반 수준을 보여 주고 있다.

우리나라 공공복지지출의 비중을 총재정지출 대비로 비교해 보면 2003년에 18.4% 수준인데, 이 또한 OECD 국가 중 가장 낮은 수준이다.(〈그림 2-9〉 참조)

비교대상국 20국 중 공공복지지출의 비중은 2003년 기준으로 독일이 56.3%로 가장 높고 스위스가 55.9%, 스웨덴이 53.7%%로 뒤를 잇고 있으며, 노르웨이, 벨기에, 스페인, 오스트리아, 이탈리아, 폴란드, 프랑스, 호주 등이 50% 수준을 상회하고 있다. 20% 이하인 국가로서는 역시 우리나라가 유일하며, 미국, 일본 등이 40% 중반 수준을 나타내고 있다.

다. 복지지출 증가율의 국제비교

1994-2004년 기간 중 우리나라의 복지 분야 재정지출 증가율은 OECD 비교대상국 중 1위였는데, 이는 우리나라의 공공복지지출의 비중이 가장 낮은 수준이지만 지난 10여 년간 OECD 국가 중 그 비중이

〈그림 2-9〉 OECD 국가의 사회복지지출 비중(총재정지출 대비)

〈그림 2-9a〉

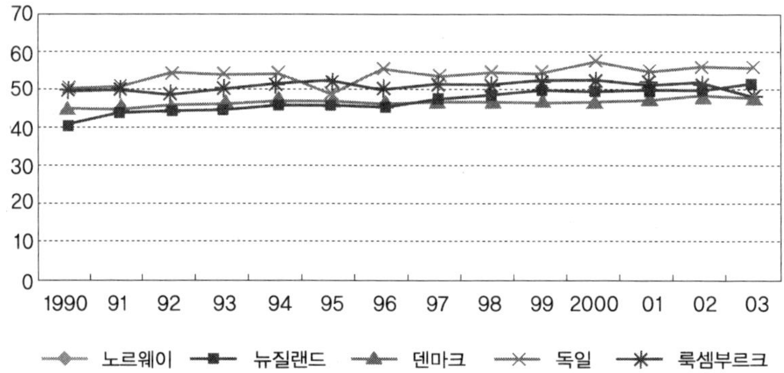

자료: OECD, *The OECD Social Expenditure Database*, 2007.

〈그림 2-9b〉

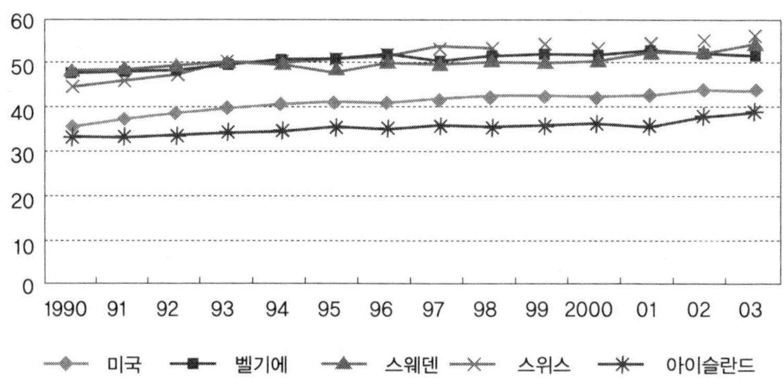

자료: OECD, *The OECD Social Expenditure Database*, 2007.

가장 빠른 속도로 증가하고 있음을 보여 주는 것이다.

세부항목으로 볼 때 보건분야 재정지출 증가율은 19.1%로 그리스

〈그림 2-9〉 계속

〈그림 2-9c〉

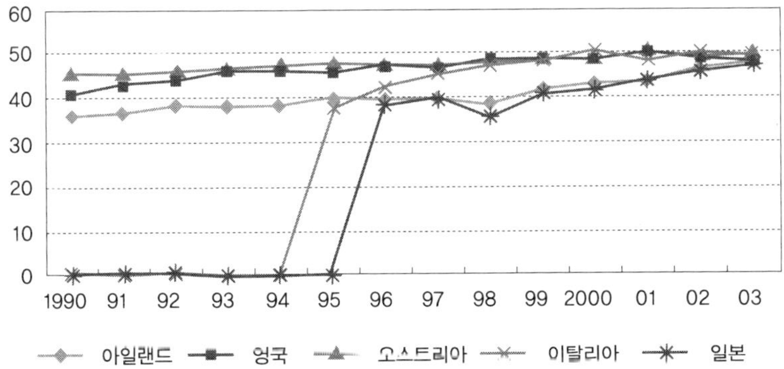

자료: OECD, *The OECD Social Expenditure Database*, 2007.

〈그림 2-9d〉

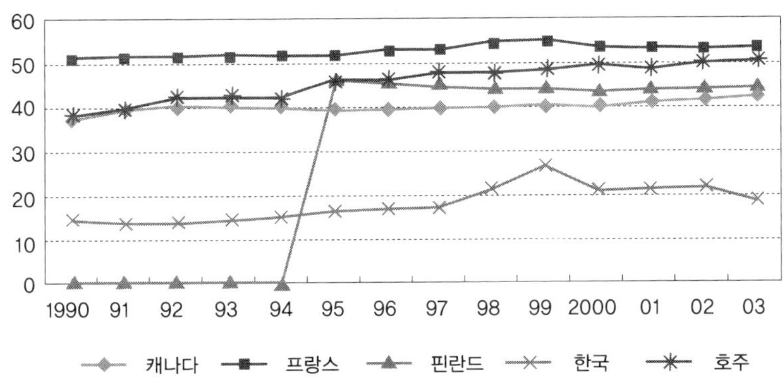

자료: OECD, *The OECD Social Expenditure Database*, 2007.

의 27.6%에 이어 2위를 차지하고 있으며, 사회복지 분야의 지출 증가율은 12.9%로 비교대상국 중 가장 높은 수준이다. 또한 전체 복지재정 증가율(15.8%)은 OECD 평균 6.2%의 2배 이상 수준임을 보여 주고 있다.(〈그림 2-10a〉, 〈그림 2-10b〉 참조)

3. 재정적자와 국가채무의 누적

재정지출 규모의 확대 및 재정지출 구조의 변화와 더불어 최근의 우리나라 재정의 또 다른 큰 변화는 지속되는 재정적자 및 국가채무의 누적이다. 앞서 살펴본 바와 같이 분배 위주 정책의 추진으로 복지지출이 크게 늘어나 재정 부담이 확대되는 가운데 2000년대 중반 들어 우리나라 재정건전성에 대한 관심이 고조되기 시작하였다.

통합재정수지의 변화 추이를 〈표 2-6〉에서 살펴보면 외환위기 발생 직후인 1998년에는 18.82조 원 등 1997-1999년 기간 중 적자를 기록하였으나 2000년 이후 흑자로 전환되었다. 하지만 사회보장성수지 흑자의 지속적 확대에도 불구하고 통합재정수지 흑자는 최근까지 급격히 감소하고 있는 실정이다. 다만 공적자금 상환이 2006년에 종료됨에 따라 2007년에는 통합재정수지 흑자폭은 12.2조 원을 나타냈다.

그러나 사회보장성기금을 제외한 수지나 관리대상수지는 외환위기 직후 연간 20조 원 이상의 적자를 기록한 이후 2002년까지는 감소세를 보여 주었지만 2003년 이후 적자폭이 확대되어 올해는 관리대상수지 적자가 14.8조 원에 이를 것으로 예상되고 있다. 이에 따라 적자국채 순발행도 1998년 이후 최근까지 지속적으로 발행해야 하는 실정이다.(〈표 2-6〉 참조)

국가채무 또한 〈표 2-7〉에서 보듯이 1997년에 60.3조 원이었으나

〈그림 2-10〉 복지재정지출 증가율의 국제비교

〈그림 2-10a〉

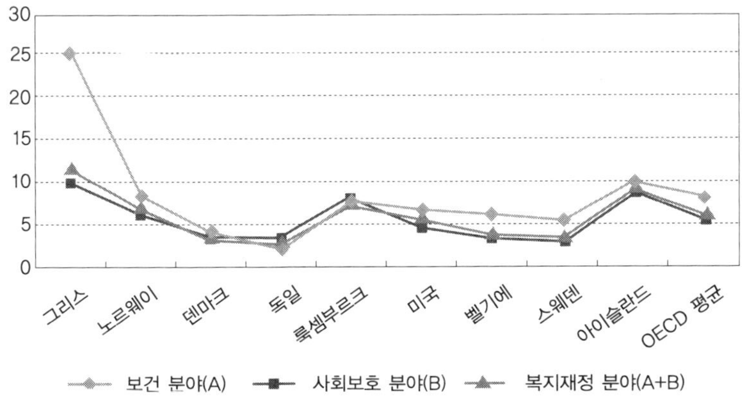

자료: OECD, *National Accounts*, 2006.

〈그림 2-10b〉

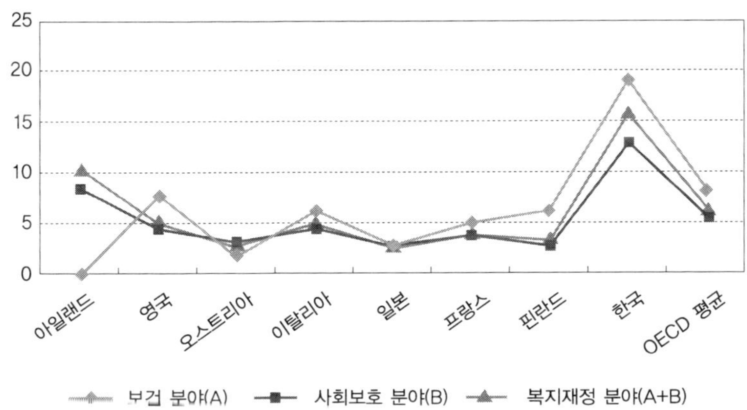

자료: OECD, *National Accounts*, 2006.

〈표 2-6〉 통합재정수지의 변화 추이

(단위: 조 원, %)

연도	통합재정 수지[1)]	사회보장 성수지	공적자금 상환[2)]	공적자금 보증채 발행	사회 보장성 기금제외 수지[4)]	관리 대상 수지[5)]	조정된 통합재정 수지[6)]	적자 국채 순발행
1997	−7.0 (−1.4)	5.9	−	1.0	−12.8 (−2.6)	−12.8 (−2.6)	−11.9	−
1998	−18.8 (−3.9)	6.1	−	15.7	−24.9 (−5.1)	−24.9 (−5.1)	−40.6	9.7
1999	−13.1 (−2.5)	7.4	−	9.8	−20.4 (−3.9)	−20.4 (−3.9)	−30.3	10.4
2000	6.5 (1.1)	12.5	−	4.6	−6.0 (−1.0)	−6.0 (−1.0)	−10.6	3.6
2001	7.3 (1.2)	15.5	−	16.0	−8.2 (−1.3)	−8.2 (−1.3)	−24.2	2.4
2002	22.7 (3.3)	17.6	−	1.9	5.1 (0.7)	5.1 (0.7)	3.2	1.9
2003	7.6 (1.1)	19.6	13.0	−	1.0 (−1.7)	1.0 (0.1)	1.0	3.0
2004	5.2 (0.7)	21.2	12.0	−	−4.0 (−2.0)	−4.0 (−0.5)	−4.0	2.5
2005	5.1 (0.4)	23.6	12.0	−	−6.5 (−2.5)	−6.5 (−1.0)	−6.5	9.0
2006	0.9 (0.4)	26.0	12.0	−	−14.9 (−2.7)	−13.1 (−1.3)	−13.1	8.0
2007	12.2 (1.4)	27.0	−	−	−	−14.8 (−1.6)	−7.8	8.7
2008	15.8 (1.5)	33.3	−	−	−	−15.6 (−1.5)	−10.0	7.4
2009	−17.6 (−1.7)	28.6	−	−	−	−9.7 (−0.9)	−9.7	7.7
2010	16.7 (1.4)	28.1	−	−	−	−27.6 (−2.4)	−	−

자료: 기획재정부, 국회예산정책처.

주: 1) 1997−2008년: 결산기준 통합재정수지, 2009년: 추경예산기준 통합재정수지.

2) 보증채로 발행되어 있던 공적자금을 2003년부터 국채로 전환하여 상환하였음.

3) 사회보장성기금을 제외 통합재정수지는 4대 사회보험인 국민연금기금, 산재보상보험기금, 사학연금기금, 고용보험기금의 흑자분을 제외한 통합재정수지임.

4) 관리대상수지는 사회보장성기금을 제외한 통합재정수지에서 공적자금 상환에 필요한 재원 중 국채로 전환된 부분을 조정한 수지임.

5) 조정된 통합재정수지=통합재정수지−사회보장성수지−공적자금보증채 발행+공적자금 상환.

6) 2010년 통계는 추정치임.

〈표 2-7〉 국가채무의 변화 추이

(단위: 조 원, %)

연도	국가채무 (A+B-C)	중앙정부 채무(A)				지방정부 채무(B)	지방정부의 대중앙정부 채무(C)
		합계	국채	차입금	국고채무 부담행위		
1997	60.3 (13.3)	50.5	28.6	18.5	3.4	15.1	5.3
1998	80.4 (16.6)	71.4	46.6	21.8	3.0	16.2	7.3
1999	98.6 (20.4)	89.7	65.8	21.4	2.5	18.9	10.0
2000	111.9 (19.2)	100.9	76.5	21.9	2.7	22.3	11.9
2001	122.1 (19.6)	113.1	87.8	22.5	2.8	21.3	12.3
2002	133.6 (19.5)	126.6	103.1	20.7	2.8	19.5	12.5
2003	165.7 (22.9)	158.8	140.6	15.8	2.4	18.4	11.6
2004	203.1 (26.1)	196.1	182.9	10.7	2.5	18.2	11.2
2005	248.1 (30.4)	238.2	228.3	7.7	2.2	21.0	11.2
2006	279.9 (31.9)	270.9	261.5	6.7	2.7	20.0	11.0
2007	298.5 (31.7)	290.1	281.3	5.8	3.0	18.5	10.1
2008	314.1 (31.1)	306.7	298.5	4.9	3.3	16.7	9.2
2009	325.8 (30.0)	322.1	314.9	3.9	3.3	14.7	11.0
2010	392.2 (33.4)	373.8	367.2	3.5	3.1	28.5	7.2

자료: 기획재정부.
주: ( ) 안은 GDP 대비 국가채무 비율.

최근까지 지속적으로 증가하여 2010년에는 392.2조 원에 이르고 있는데, 동 기간 중 GDP 대비 비중은 13.3%에서 33.4%로 급증하였다. 외환위기 이후 10년간 정권이 바뀔 때마다 국가채무 증가율은 임기 5년 기간 동안 100%를 훨씬 상회하였으며, 2008년 이후에도 신장률은 둔화되었으나 글로벌 금융위기로 인한 적자재정 편성이 국가채무 누적에 큰 영향을 미쳐 2009년의 325.8조 원에서 2010년에는 392.2조 원으로 큰 폭으로 늘어나게 되었다.

4. 우리나라 재정의 정책과제

이상에서 살펴본 바와 같이 최근의 중장기 재정지출의 구조 변화는 재정 규모의 확대, 복지재정지출 증가에 따른 재정지출 구조의 변화, 그리고 재정적자의 지속 및 국가채무의 누적이라는 구조적 특성으로 집약할 수 있다.

이와 같은 변화는 우리나라 재정의 근본적인 문제를 제기하게 되는데, 첫째 2000년대 들어 우리나라 재정의 지출 구조 변화가 어떠한 요인과 정책적 배경에 의해 변화가 이루어져 왔으며, 둘째 어떠한 과정을 통해 전개되어 왔으며 저출산 및 고령화 사회 및 남북경협의 확대 등 새로운 경제 · 사회 여건 변화 추세에 얼마나 적합한지, 셋째 이러한 중장기 재정지출의 구조 변화가 소득재분배 및 사회 전체의 성장잠재력 제고에 얼마나 기여하는지, 넷째 향후 급격한 증가가 예상되는 재정수요를 충족할 만큼 현재의 국가채무가 지속가능한지 등의 과제를 던지고 있다.

따라서 이 책에서는 우리나라의 재정지출의 확대 및 중장기 재정지출 구조 변화에 대해 심층적으로 분석하고, 이에 따라 국가경영전략상 바람직한 재정지출의 정책적 우선순위를 검토하고, 지속적인 재정의 건전성과 효과성 제고방안을 제시하게 한다.

제 3 장

OECD 국가의 재정지출 구조 변화의 요인

OECD 국가의 재정지출 구조 변화의 요인

본 장에서는 우선 OECD 국가들의 재정지출 구조 변화 요인, 특히 복지지출 구조를 중심으로 변화 요인을 분석하여 우리나라 재정 구조의 변화 요인들과 비교함으로써 정책적 시사점을 도출하고자 한다.

OECD 국가의 재정 구조 변화 요인을 분석할 때 그 변화 요인은 일반적으로 다음 세 가지 요인으로 크게 나누어 볼 수 있다: (1) (경제발전 단계에 따른 요인) 경제발전에 따른 국민의 재정지출 수요에 변화 또는 국가정책상 필요에 의해, (2) (경기대책적 요인) 경기변동에 따른 경기대책적 요인에 따라, (3) (정치적 요인) 정치적 측면에서 집권당의 성격에 따른 정책의 차이 등에 의해 재정지출 구조에 변화가 발생한다.

이들 세 가지 요인은 서로 상당한 관련을 갖고 있는데, 장기적으로 재정지출은 경제의 기초적 여건에 크게 좌우되며 정책이란 그런 측면을 간과하고 추진될 수 없기 때문에 (1)과 (3)의 요인은 서로 모순되지 않으며, 단기적으로는 (2)의 경기대책형 지출 또한 (1)과 (3)의 요인에 영향을 받을 수 있다.

이론적으로 재정의 역할은 자원배분의 최적화(optimal resource allocation), 분배의 공정(optimal redistributon of income) 및 경제의 안정(economic stabilization) 등 세 가지 측면에서 논의할 수 있는데, 본 장에서는 이와 같은 기준에 따라 OECD 국가들의 재정지출 구성이 어떻게 변화하여 왔는지를 살펴보고자 한다.

1. 재정지출 구조 변화의 결정 요인 분석

OECD 국가의 복지재정지출을 중심으로 재정 구조 변화 요인을 분석하기 위해 우선 여기에서는 OECD 국가의 인구 구성, 1인당 소득 수준, 개인의 저축성향 등 경제 · 사회적 변화를 포함한 경제발전 단계에 따른 요인, 경기대책적 요인 및 정치적 요인에 따라 정부 재정지출의 구조를 변화시켜 왔음을 보여 주고자 한다.

OECD 국가는 20세기 중반의 복지국가 형성과 20세기 후반의 복지국가 구조조정 경험은 주로 경제 · 사회의 변화 요소에 대한 전략적으로 대응하였는데, 정부 재정지출의 구조 변화 과정에서 많은 갈등이 분출되지만 경제 · 사회의 변화에 선제적으로 적절히 대응한 국가는 공공 부문 지출의 효율성이 국가경쟁력 강화로 이어지는 성과를 보였음을 살펴보고자 한다.

OECD 국가의 재정 구조 변화 요인을 구조적으로 분석하기 위해서 여기에서는 OECD의 일반정부 공공복지지출 데이터를 이용하여 국가별 비중 데이터의 시계열 변화를 패널 분석에 의해서 OECD 20개 비교 대상국의 복지재정지출 동향 및 결정 요인을 비교 · 분석하고자 한다.

가. 기존 연구

Samuelson(1954)의 선구자적 연구 이후 재정지출 구조는 공공경제 분야에서 주목을 받아 왔다. 공공지출액의 규모 및 구성이 재정정책의 주된 구성부분 중 하나임을 인식하는 가운데 다수의 연구를 통해 재정지출 구조가 거시경제 성과에 중요한 영향을 미치는지 여부에 대한 연구가 진행되었다. 예를 들면, Barro(1990)와 Devarajan, Swaroop and Zou(1996)는 재정지출 구조의 결정 방식이 경제성장 성과와 밀접한 관계를 갖고 있다고 입증한 바 있다.

다른 연구들은 공공예산의 배분 과정을 주도하는 요인에 초점을 맞추어 분석하였다. 예를 들어, Bocherding and Deacon(1972), Bergstrom and Goodman(1973), Gramlich and Rubinifeld(1982) 및 Takero(1999)는 지방정부 차원의 공공지출 구조를 분석하기 위해 중위투표자 프레임워크를 사용하였다. 또 다른 일부 연구는 공공예산 배분에 있어서의 지배구조의 역할을 강조하였다.

이를테면 Nader(1992)는 공공예산 배분에 있어서 인권의 영향을 조사하였으며, 높은 수준의 인권이 보건, 교육 및 사회복지에 있어서 더욱 많은 예산할당과 연관되어 있음을 입증하였다. 반면, Mauro(1998), Gupta 외(2000, 2001) 및 Delavallade(2006)는 경제의 사회 부문과는 관계없이 공공예산의 할당에 있어서의 부패의 영향을 입증하는 연구 결과를 제시하였다.

Tabellini and Alesina(1990)가 개발한 모델은 집권당이 바뀌는 경우 어떻게 국가채무가 정부의 지출액 우선순위에 영향을 주기 위해 전략적으로 사용될 수 있는지를 보여 준다. 국가채무의 역할에 관한 추가적인 이론적 및 경험적 증거는 Beetsma and Bovenberg(1999, 2002), Mahdavi(2004) 및 Ouattara(2006)에서도 역시 찾아볼 수 있다. IMF의 구조조정 프로그램의 역할 또한 개발도상국에서의 재정지출 우선순위에 영향을 미치는 요인으로 간주된다.

우리나라의 경우 재정지출의 분야별 재원 배분에 관한 기존 연구는 취약한 편이다. 그 동안의 대표적 연구로는 한국조세연구원(2001), 한국개발연구원(2004), 최준욱 · 류덕현 · 박형수(2005) 등을 들 수 있다. 한국조세연구원(2001), 한국개발연구원(2004)의 연구에서는 우리나라 예산의 분야별 재원 배분에 대한 국제비교를 통해 제정지출의 문제점 및 효율화 방안을 도출하였다. 그러나 이 두 연구는 전체 재정 시각에서 분야 간 재원 배분 문제에 대한 충분한 논의가 이루어지지 못한 한계가 있었는데, 최준욱 · 류덕현 · 박형수(2005)는 이러한 문제를 보완하여 거시적 시각에서 재원 배분의 결정 요인에 대한 분석을 시도하였다.

나. 분석방법

1) 분석모형

여기에서는 Hewitt(1992, 1993)가 개발한 공공선택모형를 사용하며, 재정지출에 대한 다양한 지출기능별 영역 분류를 통해 모든 형태의 지출을 분석하기 위해 분석모형을 확장하도록 한다.

재정총지출(G)은 영역별 지출(g)의 합으로 식 (1)과 같이 구성되며, g_i는 경세, 복지 또는 교육 등의 지출을, g_j[1)]는 기타 모든 지출을 의미

한다.

$$G = g_i + g_j. \tag{1}$$

재정총지출(G)은 조세총수입(T)을 통해 충당된다는 가정하에

$$G = T \tag{2}$$

가 성립된다. 즉, 식 (2)는 예산제약조건을 의미한다.

또한 조세함수는 식 (3)과 같이 나타낼 수 있다.

$$T = \tau Y,\ 0 \leq \tau \leq 1. \tag{3}$$

여기서 Y는 소득 수준, τ는 세율을 각각 나타낸다.

후생함수 극대화를 위한 효용함수는 Cobb-Douglas함수 형태로

$$U(C, g_i, g_j) = C^{\beta} g_i^{\gamma} g_i^{\delta} \tag{4}$$

와 같이 나타낼 수 있는데, 효용함수는 민간소비(C) 및 재정지출(G)에 대해서 2차 미분이 가능하며 $U_f > 0$, $U_{ff} < 0$이다. 단, $f = C, G, \delta = 1 - \beta - \gamma$.

또한 분석의 단순화를 위해 민간투자는 존재하지 않는다고 가정하면, 분석 프레임워크는 전형적인 효용극대화 문제로 귀결된다.

$$\text{Max } U(C, g_i, g_j) = C^{\beta} g_i^{\gamma} g_j^{\delta}. \tag{5}$$

제약조건은 식 (6)과 같다.

$$Y = C + G, \text{ 여기서 } G = g_i + g_j. \tag{6}$$

이상의 적정화 문제에서의 적정값은 식 (7)과 같이 얻을 수 있다.

$$\frac{g_i}{G} - \frac{\gamma}{\beta}(1-\gamma)\frac{Y}{G} \text{ 및 } \frac{g_i}{G} = \frac{\delta}{\beta}(1-\gamma)\frac{Y}{G}. \tag{7}$$

식 (7)에서 세율(τ)이 수어졌을 때 재성총시출에서 지출영역 g_i가 차지하는 비중은 효용함수의 매개변수 γ와 β에 의해 결정된다. 마찬가지로 주어진 세율(τ)에 대해 재정총지출 대비 기타 지출영역 g_j의 비중은 j번째 지출영역에서의 매개변수 δ와 β의 값에 의해 결정된다. 이는 β에 비해 낮은 γ의 값이 낮을수록 민간소비에 비해 g_i의 감소를 초래하게 된다. 식 (7)로부터

$$\frac{g_i}{G} = f(\tau, \frac{Y}{G}, K) \tag{8}$$

를 얻게 되며, K는 총재정지출 및 영역별 지출모형에 흔히 포함되는 기타 모든 변수를 의미한다.

기존 연구에서는 일반 및 특정 기능별 영역에 있어서의 재정지출을 설명하는 다수의 요인들을 열거하고 있다. 경제발전 수준을 나타

내는 1인당 소득 수준은 국방지출 사례에 있어서의 상반되는 결과들을 발견하였던 여러 연구자들(Davoodi 외, 2001; Gupta 외, 2000; Delavallade, 2006; Nyamongo, 2007)에 의해 강조되어 왔다. 교육지출 사례의 경우 Mauro(1998)는 양(+)의 관계를 발견하였다.

또한 다수의 연구(Frijters, Haisken-DeNew, and Shields, 2005; Gerdtham and Lothgrem, 2000; Di Matteo and Di Matteo, 1998; Blomqvist and Carter, 1997; Hansen and King, 1996)에서도 보건 및 복지지출 영역에서는 예상할 수 있는 결과 역시 혼재된 결과를 보여 주고 있다. 사회보장 및 복지의 경우에 있어 높은 경제발전 수준은 정부로 하여금 사회보장제도에 더욱 많은 재원을 할당하도록 만드는 경향이 있기 때문에 경제발전 수준과는 양(+)의 상관성을 예상할 수 있다. 일반공공행정, 공공질서 및 안전, 그리고 주택 및 지역개발 영역에 있어서는 기존의 연구 결과가 별로 존재하지 않기 때문에 사전에 상관성에 대해 설정하지 않았다.

정부의 경제에 대한 부담을 계측함에 있어서 GDP에 대한 재정지출 비중을 나타내는 정부 규모 역시 재정지출의 결정 방향에 영향을 주는 것을 알 수 있다. Mahdavi(2004)가 제시한 바와 같이, 큰 정부는 통치행위의 광범위한 간여에 따라 비효율성이 필연적으로 발생하게 되어 있다. 따라서 큰 정부는 국방, 공공질서 및 안전 영역에 재원을 집중하는 경향을 보일 수 있다. 그와는 반대로 작은 정부는 교육, 보건 및 사회복지와 같은 사회복지 영역 지출에 많은 예산을 할당하는 경향을 보이게 된다.

또한 경제서비스 지출도 마찬가지다. 이는 우리가 나머지 재정지출의 기능별 영역과는 양(+)의 상관성을 예상하는 반면, 정부 규모와 국방과 공공질서 및 안전 영역 간에는 음(-)의 상관성을 예상한다는 것을 보여 준다.

정치적 안정성의 역할 또한 정부예산의 내부 배분에 영향을 주는 요소로서 다수의 연구(Davoodi 외, 2001; Nyamongo, 2007; Kimenyi and Mbaku, 1995)에서 강조되고 있다. 즉, 높은 안정성은 사회복지와 경제서비스 영역으로 치중하는 반면, 높은 정치적 불안정성은 국방과 공공질서 및 안전과 같이 질서를 회복하기 위한 기능별 구성 부분 명목으로 예산을 배분하는 경향을 보일 수 있다.

인구통계학적 요소의 영향은 여러 문헌에서 다양하게 강조되어 왔다. 예를 들면, 전체 인구 중에서의 도시인구 비율(Gupta, 2000; Devallade, 2006), 가족부양률(Gupta, 2000; Devallade, 2006), 15세 이하의 인구 비율(Mauro, 1998; Nyamongo, 2007) 등을 들 수 있다. 교육, 보건 및 경제서비스의 경우 본 장에서 사용되는 모든 인구통계학적 변수와 양(+)의 상관성을 가질 것으로 예상한다. 또한 일반공공서비스, 국방 및 기타 지출에 대한 인구 및 가족부양률의 영향에 대해서는 사전 예상을 하지 않고 있다.

본 장에서는 OECD 국가의 경제 · 사회 여건 변화를 고려하여 분석하기 위해서 식 (9)와 같은 분석모형을 설정하고자 한다.

$$S_{it} = \alpha_i + \beta_i (lump)_t + \gamma_i (lgdp)_t + \delta_i (lpop)_t + \kappa_i (lgov)_t + \tau_i (ldet)_t + \mu_{it}. \quad (9)$$

S_{it}는 t기에 있어 GDP 대비 또는 총재정지출 대비 i번째 국가의 재

정지출 비중을 나타내며, *lump*는 실업률, *lgdp*는 1인당 GDP, *lpop*는 인구통계학적 변수(15세 미만, 65세 이상 인구구성비), *lgov*는 GDP 대비 총재정지출 비율, *ldet*는 GDP 대비 국가채무 비율을 각각 나타낸다. 분석모형의 추정은 다음과 같은 분류에 의한 종속변수 및 독립변수를 사용하여 각각 추정하고자 한다.

[종속변수]

종속변수 S_{it}는 다음 네 가지를 대상으로 분석한다.

- GDP 대비 총재정지출 비중
- GDP 대비 공공복지 재정지출 비중
- 국민 1인당 공공복지 재정지출 비중
- 총재정지출 대비 공공복지 재정지출 비중

[설명변수]

본 장에서는 OECD 국가의 재정 구조 변화 요인을 분석함에 있어 그 변화 요인은 일반적으로 다음 네 가지 요인으로 크게 나누어 볼 수 있다. (1) 경제발전 단계에 따른 요인(경제발전에 따른 국민의 재정지출 수요에 변화 또는 국가정책상 필요에 의해), (2) 경기대책적 요인(경기변동에 따른 경기대책적 요인에 따라), (3) 사회 구조적 요인(인구 구조의 변화 등에 따른 재정지출 수요 변화 요인에 따라), (4) 재정 구조 자체적 요인(재정지출의 적자(또는 흑자) 편성에 따른 요인)을 기준으로 분류한다.

- 경제발전 단계에 따른 요인: 1인당 GDP
- 경기대책적 요인: 실업률

• 사회 구조적 요인: 65세 이상 인구 비중, 15세 미만 인구 비중
• 재정 구조 자체적 요인: GDP 대비 정부재정 적자 규모

2) 통계자료

재정지출 및 공공복지 재정지출에 대한 통계자료는 OECD 국가의 재정 구조 변화 요인을 구조적으로 분석하기 위해 공공복지지출(OECD Social Expenditure Statistics(SOCX 2007; 1980-2003)) 데이터를 이용하여 국가별 비중 데이터의 시계열 변화를 패널 분석에 의해서 OECD 국가의 복지재정지출 동향 및 결정 요인을 비교 · 분석하고자 한다.

1980-2003년 기간 중 1인당 GDP, 총재정지출, 국가채무, 실업률 및 인구통계학적 변수 등에 대한 통계는 OECD SOCX 2007 및 LFS 자료를 사용한다.

분석기간은 OECD 회원국들의 자료 입수가 가능한 1980년부터 2003년까지를 대상으로 하며, 아울러 전 기간(1980-2003)과 함께 최근 기간(1990-2003)도 고려한다. 이를 통해 정부지출 결정 요인의 변화 추세를 확인해 보고자 한다.

3) 분석기법

여기서 분석기법은 패널 분석을 사용하며, 패널 분석에 있어서 각 국가의 고정효과(country fixed effects)와 함께 연도고정효과(time-fixed effects)를 고려하고 있다.

국가의 고정효과(country-fixed effects)를 고려함으로써 연구대상 국가들의 시간 불변적인(time-invariant) 고유한 특성(예를 들어, 기독교 국가

여부, 북유럽 국가 여부 등) 때문에 발생할 수 있는 추정치의 왜곡(biasedness)을 방지할 수 있으며, 아울러 시간고정효과(country-fixed effects)를 고려함으로써 세계적 경기변동 등의 요인들 때문에 발생할 수 있는 추정치의 왜곡을 방지할 수 있다.

다. 회귀분석 결과

1) GDP 대비 정부지출 비중의 결정 요인(〈표 3-1〉)

- 전 기간(1980-2003)을 대상으로 하는 경우 실업률과 GDP 대비 정부재정 적자 규모가 양의 영향을 미침.
- 이는 실업률이 높을수록 경기대책적 사업비 지출과 실업수당 등과 같은 사회보장비 지출이 증가하기 때문임.
- GDP 대비 국가채무 규모가 큰 국가는 대체로 정부재정을 방만하게 편성하기 때문으로 생각됨.
- 한편, 최근 기간(1990-2003)을 대상으로 하게 되면, 1인당 GDP의 추정계수가 음의 값을 가지며 통계적으로 유의한 결과를 보이고 있는데, 이는 예전에 비해 최근 들어 소득 수준이 높은 국가들일수록 GDP 대비 정부지출 규모가 줄어드는 경향을 나타내는 것임.
- 아울러 최근 기간(1990-2003)의 경우 실업률이 계속 양의 계수를 가지며 통계적으로 유의하지만, 그 크기는 줄어들고 있음을 볼 수 있는데, 이는 정부지출이 예전에 비하여 경기대책적 특성이 많이 줄어들고 있음을 나타내는 것임.

〈표 3-1〉 GDP 대비 총재정지출 비중의 결정 요인

	대상기간: 1980-2003		대상기간: 1990-2003	
	(1)	(2)	(3)	(4)
1인당 GDP (log)	0.31 (0.35)	-1.35 (0.78)	-4.81*** (3.18)	-5.44** (2.39)
실업률	0.49*** (5.39)	0.47*** (5.03)	0.29*** (2.80)	0.28*** (2.76)
GDP 대비 국가채무 비중	0.06*** (2.88)	0.06*** (2.94)	0.06*** (2.48)	0.06*** (2.44)
15세 미만 인구 비중	-	-0.26 (1.12)	-	-0.10 (0.37)
65세 이상 인구 비중	-0.16 (0.91)	-0.22 (1.18)	0.38* (1.90)	0.35 (1.59)
상수항	36.51*** (3.44)	61.31*** (2.50)	90.45*** (5.06)	100.05*** (3.18)
# OBS	343	343	289	289
대상국 수	28	28	28	28
R^2 within between overall	0.406 0.139 0.183	0.406 0.231 0.357	0.477 0.107 0.163	0.477 0.106 0.159

주: 각 변수에 대한 설명은 본문을 참조할 것. 괄호 안의 수치는 *t* 값임. ***, **, *은 각각 1%, 5%, 10%의 유의수준을 나타냄(양측검정). 국가와 연도고정효과를 고려한 모형에 의해 추정한 결과임.

- 한편, 인구 구조는 GDP 대비 전체 정부지출에는 유의한 영향을 보이지 않고 있음. 예외적으로 최근 기간을 대상으로 하는 경우 65세 이상 인구가 많은 경우 제한적으로 GDP 대비 정부지출이 증가하는 것으로 나타남.

〈표 3-2〉 GDP 대비 사회보장부문 정부지출 비중의 결정 요인

	대상기간: 1980-2003		대상기간: 1990-2003	
	(1)	(2)	(3)	(4)
1인당 GDP (log)	1.01*** (5.05)	1.35*** (5.77)	0.47** (2.01)	0.57** (2.05)
실업률	0.27*** (7.06)	0.28*** (7.35)	0.14*** (3.36)	0.14*** (3.42)
GDP 대비 국가채무 비중	0.02** (2.34)	0.01 (1.53)	0.02*** (2.90)	0.02*** (2.69)
15세 미만 인구 비중	-	0.21*** (2.74)	-	0.07 (0.67)
65세 이상 인구 비중	0.45*** (5.91)	0.63*** (6.34)	0.42*** (4.80)	0.45*** (4.60)
상수항	0.67 (0.28)	8.99** (2.12)	7.84*** (2.73)	5.11 (1.02)
# OBS	482	482	369	369
대상국 수	30	30	30	30
R^2 within between overall	 0.467 0.149 0.140	 0.477 0.045 0.050	 0.321 0.222 0.201	 0.322 0.163 0.146

주: 각 변수에 대한 설명은 본문을 참조할 것. 괄호 안의 수치는 *t*값임. ***, **, *은 각각 1%, 5%, 10%의 유의수준을 나타냄(양측검정). 국가와 연도고정효과를 고려한 모형에 의해 추정한 결과임.

2) GDP 대비 사회보장부문 정부지출 비중의 결정 요인(〈표 3-2〉)

- 전 기간(1980-2003)을 대상으로 하는 경우 1인당 국민소득, 실업률, GDP 대비 정부재정 적자 규모, 인구의 구조적 특성이 모두 통계적으로 유의한 영향을 미치고 있음.
- 즉, 1인당 국민소득이 높은 국가일수록 GDP 대비 사회보장부문 정부지출의 규모가 큼.

- 실업률이 높을수록 실업수당 등과 같은 사회보장비 지출이 증가하여 GDP 대비 그 비중이 증가함.
- GDP 대비 정부재정 적자 규모가 큰 국가는 대체로 사회보장비 지출도 많이 하고 있음.
- 65세 이상 인구 비중이 높은 국가일수록 노인들에 대한 연금 지출 등으로 GDP 대비 사회보장부문 정부지출 비중이 증가함.
- 15세 미만 인구 비중이 높은 국가일수록 유아 및 청소년에 대한 지출 등으로 GDP 대비 사회보장부문 정부지출 비중이 증가하는 것을 나타냄.
- 특기할 만한 것은 15세 미만 인구 비중보다 65세 이상 인구 비중이 증가할수록 GDP 대비 사회보장부문 정부지출 비중이 더 크게 증가함. (추정계수값의 비교)
- 한편, 최근 기간(1990-2003)을 대상으로 하는 경우에도 모든 설명변수들이 통계적으로 유의한 결과를 보이고 있음.
- 그러나 추정계수값을 비교하면, 1인당 국민소득이 큰 국가들의 사회보장부문 정부지출이 예전보다 줄어들고 있으며, 실업수당의 지출도 줄어들고 있음을 알 수 있음.
- 아울러 15세 미만 인구에 대한 사회보장성 정부지출이 줄어들고 있으나, 65세 이상 인구에 대한 사회보장성 정부지출은 거의 변화가 없는 것으로 보임.

3) 국민 1인당 사회보장부문 정부지출 비중의 결정 요인(〈표 3-3〉)

- 전 기간(1980-2003)을 대상으로 하는 경우 1인당 국민소득, 실

〈표 3-3〉 국민 1인당 사회보장부문 정부지출 비중의 결정 요인

(단위: %)

	대상기간: 1980-2003		대상기간: 1990-2003	
	(1)	(2)	(3)	(4)
1인당 GDP (log)	1.11*** (90.43)	1.18*** (77.81)	1.08** (73.46)	1.06** (60.82)
실업률	0.01*** (6.14)	0.01*** (6.24)	0.01*** (3.41)	0.01*** (3.11)
GDP 대비 국가채무 비중	0.001** (3.12)	0.001*** (2.64)	0.002*** (3.63)	0.002*** (3.04)
15세 미만 인구 비중	-	0.01 (1.34)	-	-0.01** (2.13)
65세 이상 인구 비중	0.03*** (6.26)	0.03*** (5.69)	0.02*** (4.49)	0.02*** (3.11)
상수항	-10.29*** (70.29)	-10.59** (40.42)	-9.88*** (50.50)	9.33*** (29.66)
# OBS	482	482	369	369
대상국 수	30	30	30	30
R^2 within between overall	 0.979 0.970 0.969	 0.979 0.969 0.967	 0.969 0.968 0.963	 0.969 0.972 0.968

주: 각 변수에 대한 설명은 본문을 참조할 것. 괄호 안의 수치는 t값임. ***, **, *은 각각 1%, 5%, 10%의 유의수준을 나타냄(양측검정). 국가와 연도고정효과를 고려한 모형에 의해 추정한 결과임.

업률, GDP 대비 정부재정 적자 규모, 65세 이상 인구 비중이 통계적으로 유의한 영향을 미치고 있음.

- 1인당 국민소득이 높은 국가일수록 1인당 사회보장부문 정부지출 비중이 크게 됨은 소득이 높을수록 세입도 증가하고 따라서 전체 정부지출 규모도 증가하게 될 것이므로, 당연한 결과임.

- 아울러 실업률이 높을수록 실업수당 등과 같은 사회보장비 지출이 증가하여 1인당 사회보장부문 정부지출 비중이 증가함.
- GDP 대비 정부재정 적자 규모가 큰 국가는 대체로 사회보장비 지출도 많이 하고 있음.
- 65세 이상 인구 비중이 높은 국가일수록 노인들에 대한 연금지출 등으로 사회보장부문 정부지출 비중이 증가하는 〈표 3-2〉의 결과를 확인하는 것임.
- 그러나 15세 미만 인구 비중이 높은 국가의 경우 특별히 1인당 사회보장부문 정부지출이 증가하지는 않는 것으로 나타남.
- 최근 기간(1990-2003)을 대상으로 하는 경우에도 대체로 전 기간을 대상으로 한 경우와 유사한 결과를 보이고 있음.

4) 총재정지출 대비 사회보장비 비중의 결정 요인(〈표 3-4〉)

- 전 기간(1980-2003)을 대상으로 하는 경우 1인당 국민소득과 실업률만이 통계적으로 유의한 영향을 미치고 있음.
- 즉, 1인당 국민소득이 높은 국가일수록 여타 부문에 비하여 특히 사회보장부문 정부지출이 상대적으로 많이 증가함.
- 아울러 실업률이 높아질수록 실업수당 등의 지출 증가로 인하여 여타 부문에 비하여 특히 사회보장부문 정부지출이 상대적으로 많이 증가함.
- 그러나 GDP 대비 정부재정 적자 규모는 통계적으로 유의한 관계가 없음.
- 아울러 인구 구조의 여하도 총재정지출 대비 사회보장비 비중

〈표 3-4〉 총정부지출 대비 사회보장비 비중의 결정 요인

	대상기간: 1980-2003		대상기간: 1990-2003	
	(1)	(2)	(3)	(4)
1인당 GDP (log)	6.47*** (3.86)	7.67** (2.34)	7.04*** (3.81)	2.83 (1.03)
실업률	0.93*** (5.35)	0.95*** (5.31)	0.17 (1.35)	0.15 (1.18)
GDP 대비 국가채무 비중	-0.05 (1.35)	-0.05 (1.37)	0.04 (1.31)	0.03 (1.15)
15세 미만 인구 비중	-	0.19 (0.43)	-	-0.70** (2.05)
65세 이상 인구 비중	-0.53 (1.55)	-0.49 (1.37)	0.23 (0.93)	0.01 (0.03)
상수항	-25.45 (1.26)	-43.39 (0.93)	-39.24* (1.80)	24.98 (0.66)
# OBS	343	343	289	289
대상국 수	28	28	28	28
R^2 within between overall	 0.590 0.297 0.112	 0.590 0.330 0.155	 0.414 0.351 0.292	 0.424 0.148 0.068

주: 각 변수에 대한 설명은 본문을 참조할 것. 괄호 안의 수치는 *t*값임. ***, **, *은 각각 1%, 5%, 10%의 유의수준을 나타냄(양측검정). 국가와 연도고정효과를 고려한 모형에 의해 추정한 결과임.

에 통계적으로 유의한 관계가 없음.

- 최근 기간(1990-2003)을 대상으로 하는 경우에는 실업률도 통계적으로 유의하지 않은 결과를 보이고 있는데, 이는 최근 들어 OECD 국가들의 실업수당 등이 크게 축소되고 있음을 나타내고 있는 결과임.
- 아울러 1인당 GDP마저도 15세 미만 인구 비중을 설명변수로

포함시킨 식에서는 통계적으로 유의하지 않은 결과를 보이고 있는데, 이는 최근에는 소득이 높아질수록 정부 재정지출에서 사회보장비 지출이 크게 높아지지 않고 있음을 나타내는 결과로 보임.

- 한편, 15세 미만 인구가 통계적으로 유의한 음의 계수를 보이고 있는데, 이는 15세 미만 인구가 많을수록 총정부지출 대비 사회보장비 지출 비중이 적어진다는 것인데, 이에 대해서는 추가적인 연구가 필요함.

2. 구조 변화 요인 및 정책적 시사점

본 장에서는 OECD 국가의 경험에서 보듯이 복지재정지출의 확대를 중심으로 한 우리나라 재정의 중장기 지출의 구조 변화가 저출산 및 고령화 사회 및 남북경협의 확대 등 새로운 경제 · 사회 여건 변화에는 적절하게 대응하고 있는지, 성장잠재력 제고 및 국가경쟁력 확충에는 얼마나 기여하고 있는지를 분석하였다.

또한 이와 같은 재정지출의 구조 변화가 소득재분배 개선에는 얼마나 기여하였는지도 분석하고자 하며, 이에 따라 재정의 세 기능인 자원 배분의 최적화, 분배의 공정 및 경제의 안정이라는 관점에서 최근의 재정지출 정책에 대한 구조 변화의 성과에 대해 평가할 수 있다.

즉, 본 장에서는 OECD 국가의 성공 경험과의 비교를 통해 우리나라 재정지출 구조 변화의 결정 요인을 분석하고, 이를 통해 중장기 재정 구조 변화를 전망하였으며 재정지출 정책 전략상의 재정지출 우선순위를 검토하였다. 또한 국가경영전략상 바람직한 재정지출 구조 개선과 재정건전화 방안을 위한 시사점을 제시하였다.

제 4 장

우리나라 재정의 지출 구조 및 지속가능성 분석

우리나라 재정의 지출 구조 및 지속가능성 분석

1. 재정지출 구조의 결정 요인 분석

우리나라에 있어서 재정지출 구조 및 분야별 재원 배분에 대한 연구는 과거 어느 때보다도 중요한 시의성을 갖고 있는데, 이는 우리나라 경제가 최근 큰 변화를 경험하고 있기 때문이다. 최근 들어 우리나라 경제는 성장의 둔화, 소득분배의 양극화, 저출산 · 고령화의 진전, 개방의 가속화 및 남북경협의 확대가능성 등 향후 경제사회적 여건이 크게 변화될 것으로 예상되고 있다. 특히, 복지지출의 정치경제적 요구의 증대 및 고령화 사회로의 진입은 재정지출 구조 및 분야별 재원 배분에 큰 영향을 미칠 것으로 예상된다.

따라서 본 장에서는 우리나라 재정지출 구조 및 재원 배분에 대한 결정 요인을 분석하기 위해 기존 문헌연구에 대한 고찰을 거쳐 분석모형을 설정하고 시계열 분석을 통해 재정지출 구조의 결정 요인을 구명하고자 한다.

분석모형은 제3장에서 사용한 Hewitt(1992, 1993)가 개발한 공공선

택모형를 사용하며, 우리나라 경제 · 사회의 여건 변화를 고려하여 분석하기 위해서 식 (10)과 같은 분석모형을 설정하고자 한다.

$$S_{it} = \alpha_i + \beta_i (DUM98)_t + \gamma_i (lgdp) + \delta_i (lpop) + \kappa_i (lgov)_t + \tau_i (ldet) + \mu_{it}. \qquad (10)$$

S_{it}는 t기에 있어 총재정지출 대비 i번째 영역[1]의 비중을 나타내며, *DUM98* 및 *DUM03*는 집권당의 정책적 특성,[2] *lgdp*는 1인당 GDP, *lpop*는 인구통계학적 변수(15세 미만 및 65세 이상 인구구성비), *lgov*는 GDP 대비 총재정지출 비율, *ldet*는 GDP 대비 국가채무 비율을 각각 나타낸다. 식 (10)은 재정총지출에서 자지하는 비중을 보여 주고 있는데, 이는 종속변수에 대해 식 (11)과 같은 가법성 제약조건(additivity constraint)을 부과하고 있다.

$$\sum_{i=1}^{4} S_{it} = \sum_{i=1}^{4}\alpha_i + \sum_{i=1}^{4}\beta_i (DUM98)_t + \sum_{i=1}^{4}\gamma_i (lgdp)_t + \sum_{i=1}^{4}\delta_i (lpop)_t + \sum_{i=1}^{4}\kappa_i (lgov)_t + \sum_{i=1}^{4}\tau_i (ldet)_t + \sum_{i=1}^{4}\mu_t = 1. \qquad (11)$$

위의 제약조건 식 (11)에 있어서 각 기능별 영역의 지출 합계는 1 또는 100%이어야 하는 제약 때문에 각 방정식의 잔차항은 상관관계가 있는 것이다. 이는 식 (11)이 매개변수들에 각각 식 (11)과 같은 추

1) 본 장에서의 분야별 재정지출은 UN에서 제정한 '정부기능 분류'(Classification of the Functions of Government: COFOG)에 따라 자성된 10개 분야의 재정지출을 성격이 유사한 4개 분야로 재분류하여 분석에 사용함.

2) 선거 결과에 따른 집권당의 정책적 특성에 의해 세출 구성의 변화, 특히 사회복지지출 등에 미치는 영향을 분석하기 위한 변수이며, *DUM98*은 국민의 정부 출범이후, *DUM03*은 참여정부 출범 이후와 이전과의 차이를 기준으로 함.

가적인 제약조건을 수반하게 한다.

$$\sum_{i=1}^{4}\beta_i=\sum_{i=1}^{4}\gamma_i=\sum_{i=1}^{4}\delta_i=\sum_{i=1}^{4}\kappa_i=\sum_{i=1}^{4}\tau_i=0. \tag{12}$$

또한 잔차항과 관련해서 한 지출영역의 비중이 과소추정되었다면 이는 다른 영역의 비중이 과대추정되었음을 의미하기 때문에 각 잔차항의 합계는 식 (13)에서와 같이 0이 되어야 한다.

$$\sum_{i=1}^{4}\mu_t=0. \tag{13}$$

식 (12)와 식 (13)으로부터 식 (14)를 도출할 수 있다.

$$\sum_{i=1}^{4}\alpha_i=1. \tag{14}$$

따라서 식 (14)는 각 share equation의 잔차항은 '외관상 무관해 보이는 방정식 체계'(seemingly unrelated system of equations)를 구성하게 된다. 이는 본 장에서의 분석모형이 4개 방정식으로 구성되어 있기 때문에 오직 3개 방정식만이 독립적인 추정이 가능하며, 4개 방정식의 계수는 식 (12)와 식 (14)의 제약조건에서 찾을 수 있다는 것을 의미한다.

가. 실증분석기법

본 장의 실증분석은 Zellner(1962)가 제시한 Seemingly Unrelated Regression(SUR) 분석기법을 사용하여 식 (10)에서 제시하고 있는 분야별 지출방정식(share equation)을 추정하게 된다. 즉, 10개 분야별 재정지출을 동시에 추정하는 시스템 회귀분석(system regression)을 실시하게 된다. 영역별 재정지출에 일종의 공통적인 추이가 있을 경우 잔차항에 상관성이 발생할 수 있으며 SUR을 이용하여 이러한 구조를 반영하여 효율적인 추정을 할 수 있다.

나. 통계자료

기능별 재정지출에 대한 통계자료는 UN에서 제정한 '정부기능분류'(Classification of the Function of the Government: COFOG)[3]에 따라 정부기능별 지출 통계를 포함하고 있다. COFOG에 따르면 일반정부(중앙정부+지방정부+사회보장기금)의 재정지출은 일반공공행정(GPS), 국방(DEF), 공공질서 및 안전(POS), 경제업무(ECOA), 환경보호(ENVP), 주택 및 지역개발(HCA), 보건(HET), 오락 · 문화 및 종교(RCR), 교육(EDUC), 사회보호(SOCP) 등 10개 분야로 분류하고 있다. 본 장에서는 SNA(System of the National Account) 기준에 따라 작성된 정부기능별 지출통계(1970-2005)를 사용하여 분석하기로 한다.[4)5)]

다만 회귀분석에서의 표본수의 자유도 확보를 위하여 10개 분야의 재정지출을 성격이 유사한 4개 분야로 재분류하여 분석에 사용하

---

3) UN의 국민계정 작성 매뉴얼 중 'The SNA 1993' Chapter XVIII 을 참조.

4) 분야별 재정지출 구조를 분석할 수 있는 통계로는 IMF에서 발표하는 통합재정 통계(Government Finance Statistics: GFS)를 사용할 수 있지만, 우리나라의 경우 GFS 통계가 중앙정부만을 대상으로 작성되고 지방정부(교육자치단체 포함) 재정지출이 포함되지 않기 때문에 여기에서는 SNA 통계를 기준으로 분석함.

5) 국민계정 통계와 통합재정 통계상의 재정지출은 정부부문의 포괄범위, 정부지출에 포함되는 거래, 회계기준 등에서 다소 차이가 있음에 유의해야 함. 일반정부에 포함되는 정부기관의 범위가 서로 다를 수 있으며, 정부융자 등 금융거래에 대한 포함 여부에서도 차이가 날 수 있음. 예를 들면, 우리나라의 경우 국민건강보험은 통합재정 통계에는 포함되지 않지만 국민계정 통계에는 포함되는 반면, 통합재정 통계에 포함되고 있는 국민주택기금과 군인연금기금은 국민계정 통계에는 포함되지 않고 있음.(최준욱 · 류덕현 · 박형수(2005)에서 인용)

기로 한다. 경제업무(ECOA)와 주택 및 지역개발(HCA)을 묶어 경제 분야(ECON), 보건(HET)과 사회보호(SOCP)를 묶어 복지 분야(SOCW), 교육 분야(EDUC), 그리고 나머지 5개 분야를 한 데 묶어 기타 분야(OTHR) 등 4개 분야로 재분류해 분석에 사용하였다.

1970-2005년 기간 중 1인당 GDP에 대한 통계는 한국은행 '국민계정', 국가채무는 재정경제부 국고국, 인구통계학적 변수(15세 이하 인구 비중, 65세 이상 인구 비중)에 대한 통계는 통계청 자료를 사용하였다.

다. 회귀분석 결과

실증분석은 반복적인 Seemingly Unrelated Regression(SUR) 분석기법을 사용하여 수행되었으며, 이는 2단계에 걸쳐 수행되었다. 첫 번째 단계에서 〈표 4-1〉에서 나타난 바와 같이 종속변수인 기능별 재정지출의 정부예산 점유율의 유일한 독립변수로서 DUM를 가진 이변량 분석(bivariate estimation)을 사용하여 예산 우선순위에 있어 중요한 영향이 있었는지 여부를 분석하고자 하였다.

〈표 4-1〉의 이변량 분석은 사회복지 분야에 대한 예산 배분이 국민의 정부 출범 이전인 1998년 이전에는 약 8.87%에 머물렀었지만, 1998년 이후에는 11.65%나 증가하였음을 보여 준다. 경제 분야 지출의 경우는 1998년 이전에는 약 10.48%의 예산이 배분되어 사회복지 분야보다 비중이 컸지만, 1998년 이후에는 9.47%만큼 증가해 사회복지 분야보다 신장률이 낮았다. 한편, 교육 분야 및 기타 분야는 1998년 이전에는 예산배분율이 각각 20.1%, 60.96%이었으나 1998년 이후에는 각각 0.89%, 21.66% 감소하였다.

〈표 4-1〉 분야별 지출과 설명변수 간의 이변량 분석 결과

N=36	ECON	SCOW	EDUC	OTHR
DUM98	9.47*** (5.23)	11.65*** (6.76)	−0.89 (−1.43)	−21.66*** (−8.19)
Constant	10.48*** (12.29)	8.87*** (10.92)	20.10*** (68.55)	60.96*** (48.88)
R^2	0.43	0.55	0.54	0.65

주: 1) 종속변수는 재정총지출 대비 정부기능별 지출 비중.
2) ***는 1% 오차 범위에서 유의하며, **는 5% 오차 범위에서 유의하며, *는 10% 오차 범위에서 유의하며, ( ) 안은 *t* 값이고, *N*은 표본수임.

〈표 4-2〉 분야별 지출과 설명변수 간의 이변량 분석 결과

N=37	ECON	SCOW	EDUC	OTHR
DUM03	19.91*** (14.00)	11.32*** (3.31)	−3.55*** (−4.68)	−27.79*** (−5.68)
Constant	10.92*** (26.61)	10.51*** (10.65)	20.19*** (92.27)	58.46*** (41.45)
R^2	0.84	0.23	0.37	0.47

주: 1) 종속변수는 재정총지출 대비 정부기능별 지출 비중.
2) ***는 1% 오차 범위에서 유의하며, **는 5% 오차 범위에서 유의하며, *는 10% 오차 범위에서 유의하며, ( ) 안은 *t* 값이고, *N*은 표본수임.

〈표 4-2〉의 이변량 분석은 사회복지 분야에 대한 예산 배분이 참여정부 출범 이전인 2003년 이전에는 약 10.51% 수준으로 증가하였으며, 2003년 이후에는 11.32%나 증가하였음을 보여 준다. 경제 분야 지출의 경우는 2003년 이전에는 약 10.92%의 예산이 배분되어 사회복지 분야와 비슷한 수준이었지만, 2003년 이후에는 19.41%이나 증가하였

〈표 4-3〉 시스템 회귀분석 결과

N=36	ECON	SCOW	EDUC	OTHR
DUM98	−8.29** (−2.28)	−0.87** (2.11)	1.60 (1.55)	0.59 (0.19)
GDP	0.18*** (3.51)	0.07 (1.43)	−0.16*** (−5.15)	−0.11*** (−6.67)
POP_15	1.39*** (4.25)	−0.46 (−0.07)	−0.36*** (−3.81)	−0.03 (−0.10)
POP_65	14.83*** (3.29)	1.84* (1.20)	−2.25* (−1.75)	−7.73* (−1.99)
GOV	0.12 (0.42)	−0.01 (−0.13)	−0.02 (−0.29)	0.07 (0.28)
DET	−0.10 (−0.49)	−0.06 (−0.83)	−0.12** (−2.15)	0.07 (0.42)
상수항	−93.43*** (−4.06)	−16.63** (2.11)	42.90*** (6.54)	91.25*** (4.60)
R^2	0.75	0.98	0.70	0.95
Adj.R^2	0.84	0.99	0.82	0.97

주: 1) 종속변수는 재정총지출 대비 정부기능별 지출 비중.
2) ***는 1% 오차 범위에서 유의하며, **는 5% 오차 범위에서 유의하며, *는 10% 오차 범위에서 유의하며, ( ) 안은 *t*값이고, *N*은 표본수임.

다. 한편, 교육 분야 및 기타 분야는 1998년 이전에는 예산배분율이 각각 20.19%, 58.46%이었으나 1998년 이후에는 각각 3.55%, 27.79% 감소하였다.

이상에서 살펴본 바와 같이 1998-2002년 및 2003-2007년 기간 중 각 정부는 출범 이후 사회복지 분야 및 경제 분야 지출은 크게 증가하였으나 교육이나 기타 분야 지출은 상대적으로 위축되었다.

〈표 4-4〉 시스템 회귀분석 결과

N=36	ECON	SCOW	EDUC	OTHR
DUM03	19.25*** (11.43)	-1.60 (-1.41)	-4.09*** (-5.60)	-12.28*** (-5.89)
GDP	0.126*** (3.75)	0.004 (0.30)	-0.07*** (-3.60)	-0.15* (-1.93)
POP_15	0.21 (1.13)	-0.36*** (-2.80)	-0.11 (-1.30)	0.69*** (2.94)
POP_65	2.46 (1.14)	2.96* (2.03)	0.30 (0.32)	-2.23 (-0.83)
GOV	0.42*** (3.16)	-0.03 (-0.34)	-0.09 (-1.62)	-0.31* (-1.87)
DET	-0.37*** (-3.71)	-0.03 (-0.49)	-0.07 (-1.52)	0.21* (1.71)
상수항	-10.13 (-0.92)	9.11 (1.22)	25.71*** (5.38)	53.20*** (3.90)
R^2	0.94	0.96	0.83	0.97
Adj.R^2	0.96	0.99	0.90	0.98

주: 1) 종속변수는 재정총지출 대비 정부기능별 지출 비중.
2) ***는 1% 오차 범위에서 유의하며, **는 5% 오차 범위에서 유의하며, *는 10% 오차 범위에서 유의하며, ( ) 안은 *t*값이고, *N*은 표본수임.

2. 국가채무의 지속가능성 분석

본 절에서는 제2장 3절에서 논의한 최근 급증하고 있는 우리나라이 국가채무가 과연 지속가능한지 여부를 검정하고자 한다.

가. 분석모형

국가채무의 지속가능성을 충족시키는 제약조건을 도출하기 위해 단순한 이시점 간 예산제약 항등식을 식 (15)와 같이 설정하고자 한다.

$$B_t = (1+r_{t-1})B_{t-1} + D_t. \qquad (15)$$

B_t는 t기의 국가채무의 실질시장가치, r_{t-1}은 국채를 t-1기부터 t기까지 보유할 때의 실질이자율, D_t는 국채이자 지불을 제외한 본원적 재정적자(primary fiscal deficit)를 나타낸다. 실질이자율이 일정하다는 가정하에 이시점 간 예산제약식을

$$B_{t-1} = -E[\sum_{j=0}^{\infty}\beta^{j+1}D_{t+j}] + E[\lim_{j\to\infty}\beta^{j+1}D_{t+j}] \qquad (16)$$

와 같이 구할 수 있으며, $\beta = 1/(1+r)$는 할인계수를 나타낸다.

식 (16)에서는 국가채무의 지속가능성은 미래의 본원적 재정흑자의 현재가치가 본원적 재정적자의 현재가치를 충분히 상회해야 초기의 국가채무 잔고와 최종적 국가채무 잔고의 현재가치의 격차를 떠맡을 수 있다는 것을 나타내고 있다.

최종적 국가채무 잔고의 현재가치가 양(+)이라면, 정부가 국가채무의 원리금 상환을 위해 기채함으로써 매기마다 부채를 연장하더라도 식 (16)은 충족될 수 있다. 하지만 Chalk and Hemming(2000)은 Ponzi 게임을 시도하고자 하는 정부의 경우 합리적 개인이라면 부채를 거머쥐고 있으려 하지 않을 것이기 때문에 매기마다 부채를 연장하기 어렵다는 사실을 보여 주고 있다.

따라서 no-Ponzi 게임 제약은 전형적으로 지속가능성과 동의어로

간주되며, $\lim \beta^{j+1} B_{t+j} < 0$라는 '가로조건'(transversality condition)을 충족시킨다. 사실상 개인투자가는 결국에는 정부부채를 끌어안아야 하기 때문에 위의 조건의 등식이 성립되며, 이에 따라 지속가능한 재정정책이란 현재가치 차입제약조건을 충족시켜야 한다.

즉, 지속가능성은 미래의 본원적 재정흑자와 본원적 재정적자의 차이가 지금의 국가채무잔고 현재가치에 상응해야 한다는 것을 요구하며, 이는

$$B_{t-1} = -E[\sum_{j=0}^{\infty} \beta^{j+1} D_{t+j}] \tag{17}$$

로 나타낼 수 있다.

Trehan and Walsh(1991)는 기대실질이자율이 일정하다는 가정하에 이시점 간 예산제약조건에 대한 단순한 검정방법을 제시하고 있다. D_t가 안정적 확률 과정을 지닌다면 B_t 또한 안정적일 경우에만 예산균형은 성립할 수 있다. Hamilton and Flavin(1986)의 경우는 D_t가 안정적인 특별한 경우에 해당되며, 따라서 B_t의 안정성은 예산균형을 충족시킨다고 주장한다. 예외가 있기는 하지만 대부분의 기존 연구는 지속가능성 검정을 단위근 검정이나 재정적자와 국가채무 간의 공적분 검정에 기초하고 있다.(Trehan and Walsh, 1988; Hakkio and Rush, 1991; Bohn, 1998)

다른 한편으로는 Campbell and Shiller(1987)의 현재가치모형을 활용하여 이시점 간 예산제약식에 대한 검정을 실시해 볼 수 있다. 이 검정방법의 특징은 비제약 VAR(vector autoregression) 프레임워크 하에서

국가채무의 현재가치모형에서 제시되는 적정 경로를 도출할 수 있다는 점이다.

D_t와 B_t를 위한 VAR 모형을

$$\begin{bmatrix} D_t \\ B_t \end{bmatrix} = \begin{bmatrix} a(L) & b(L) \\ c(L) & d(L) \end{bmatrix} \begin{bmatrix} D_{t-1} \\ B_{t-1} \end{bmatrix} + \begin{bmatrix} \varepsilon_{1t} \\ \varepsilon_{2t} \end{bmatrix} \tag{18}$$

와 같이 설정해 보기로 한다. $a(L)$, $b(L)$, $c(L)$, $d(L)$는 polynomials lag operator로서 모두 p차 다항이다. 식 (18)을 다시 정리하면

$$\begin{bmatrix} D_t \\ \vdots \\ D_{t-p+1} \\ B_t \\ \vdots \\ B_{t-p+1} \end{bmatrix} \begin{bmatrix} a_1 & \cdots & a_p & b_1 & \cdots & b_p \\ 1 & \ddots & & & & \\ & 1 & \ddots & & & \\ c_1 & \cdots & c_p & d_1 & \cdots & d_p \\ & & & 1 & \ddots & \\ & & & & 1 & \ddots \end{bmatrix} \begin{bmatrix} D_{t-1} \\ \vdots \\ D_{t-p} \\ B_{t-1} \\ \vdots \\ B_{t-p} \end{bmatrix} \begin{bmatrix} \varepsilon_{1t} \\ 0 \\ \vdots \\ \varepsilon_{2t} \\ 0 \\ \vdots \end{bmatrix} \tag{19}$$

또는 $Z_t = AZ_{t-1} + \varepsilon_t$로 나타낼 수 있다.

모든 i에 대해 $E(Z_{t+i} | I_t) = A^i Z_t$이 성립하며, t기에 주어진 D_t와 B_t의 현재 및 과거 자료를 포함한 모든 이용가능한 정보, I_t하의 Z_{t+i}에 대한 합리적 기대를 나타낸다.

이에 따라 식 (17)을 다시 나타내면

$$E[B_t | I_t] = -\sum_{i=0}^{\infty} (1/1+r)^i E[D_{t+i} | I_t] \tag{20}$$

와 같이 표시할 수 있다.

식 (19)를 이용하여 VAR 동반행렬(companion matrix) A에 대한 제약을 다음과 같이 얻을 수 있다.

$$g' = -\sum_{i=1}^{\infty}(1/1+r)^{-i}h'\mathrm{A}^i. \tag{21}$$

g와 h는 행벡터이고, $B_t = g'Z_t$ 및 $D_t = h'Z_t$를 충족시킨다. B_t와 D_t는 안정적이기 때문에, 식 (21)의 우항은

$$g' = -h'\varpi[I - \varpi\mathrm{A}]^{-1} \tag{22}$$

에 수렴하게 되며, $\varpi = 1/(1+r)$이다. 식 (17)과 (21)을 이용하여

$$\tilde{B}_t = -\sum\varpi^i h'\mathrm{A}^i Z_t \text{ 또는 } \tilde{B}_t = -h'\varpi^i\mathrm{A}[I-\varpi\mathrm{A}]^{-1}Z_t \tag{23}$$

를 계산할 수 있다. 식 (23)은 식 (18)의 비제약 VAR로부터 얻은 추정계수에 기초한 D_t의 미래변화량의 현재가치에 대한 VAR 추정치이다.

이 국가채무변수, $\tilde{B}_t$는 이론에 입각한 현재의 적정 재정적자 수준을 반영하고 있으며, 국가채무의 현재가치모형이 적절하다면 B_t는 $\tilde{B}_t$와 동일하게 된다. 지속가능한 재정정책은 현재가치 예산제약조건을 충족하여야 하기 때문에 B_t와 $\tilde{B}_t$ 간의 상당한 괴리는 재정의 지속가능성에 위배된다고 판단할 수 있다.

국가채무이 이시점 간 예산제약의 통계적 유효성을 확인하기 위

한 검정방법을 제시하고자 한다. 이를 위해 식 (22)로부터

$$g'[I-\varpi \mathrm{A}]=-h'\varpi \mathrm{A} \tag{24}$$

를 얻을 수 있다.

동반행렬 A의 각각의 계수에 대한 제약을 부과함으로써 식 (23)에서 제시하는 제약조건은 B_t와 D_t의 지난 값들이 주어졌을 때 $B_{t+1}-D_{t+1}-(1+r)B_t$는 예측할 수 없다는 것을 나타내고 있다. 이 직교성(orthogonality) 제약은

$$B_t-D_t-(1+\mathrm{r})B_{t-1}=\alpha+\sum_{k=1}^{p}\delta_{1,k}B_{t-k}+\sum_{k=1}^{p}\delta_{2,k}D_{t-k}+V_t \tag{25}$$

를 회귀분석함으로써 통계적으로 검정할 수 있으며, 아울러 귀무가설 $\delta_{1,k}=\delta_{2,k}=\cdots=0$을 검정할 수 있다.

나. 분석 결과

분석기간은 통계자료 수집이 가능한 1970-2005년 기간 동안의 연간자료를 대상으로 하였으며, 국가채무 및 재정적자 등 모든 자료는 소비자물가지수로 조정된 실질변수를 사용하고 있다. 재정 관련 통계는 재정경제부 및 기획재정부로부터 획득하였다.

실증분석은 우선 단위근의 존재를 확인하기 위해 ADF(augmented Dickey-Fuller) 검정을 실시하고, 재확인을 위해 KPSS(Kwiatkowski et al., 1992) 검정도 아울러 실시하였으며, 그 결과는 〈표 4-5〉에 요약되어 있다.

〈표 4-5〉 단위근 검정 결과

국가채무			재정적자		
ADF	KPSS		ADF	KPSS	
	비추세	추세		비추세	추세
-2.16	0.89*	0.21*	-3.19*	0.08	0.05

주: 1) ADF, KPSS 검정 모두 후방 2기를 가정하고 있음.
2) *는 5% 오차 범위에서 유의함을 나타냄.

ADF, KPSS 검정 모두 우리나라의 재정적자는 안정적이라는 판단을 할 수 있으며, 이는 식 (17)로부터 우리나라의 국가채무는 재정의 지속가능성을 위해 안정적이어야 한다는 것을 요구하고 있다.

하지만 국가채무의 경우 KPSS 검정은 추세 여부에 관계없이 안정성에 관한 귀무가설을 기각하고 있다. 이 검정 결과 역시 단위근에 관한 귀무가설을 기각할 수 없기 때문에 ADF 검정 결과와 일관성 있는 것이다. 따라서 우리나라의 국가채무 수준은 지속가능한 경로를 따르고 있다고 판단하기 어렵다.

다음으로는 국가채무의 현재가치모형에서 제시되는 적정 경로를 도출하기 위해서 Campbell and Shiller(1987)의 현재가치모형을 활용하여 이시점 간 예산제약식에 대한 검정을 실시하고자 한다. 오차항의 시계열 상관관계를 제거하기 위해 p=2 가정하에 식 (25)를 추정하기로 한다.

〈표 4-6〉은 국가채무의 현재가치모형에 따른 제약에 대한 귀무가설의 Wald 검정 결과가 통계자료와 일관성 있음을 보여 주고 있다. 이

〈표 4-6〉 국가채무의 현재가치모형에 대한 검정

Wald test	19.11
p-value	0.01

주: Wald 검정통계량은 $\chi^2(4)$로 분포됨.

귀무가설은 1% 오차범위 내에서 기각되며, 이시점 간 예산제약조건을 충족시키지 못하고 있다. 이는 지속가능한 재정정책으로서 현재의 우리나라 국가채무의 지속가능성은 현재가치 예산제약을 충족시키지 못하고 있다는 반증이라 할 수 있다.

〈그림 4-1〉은 식 (18)의 VAR(2) 모형의 추정을 기초로 국가채무의 실제 경로와 적정 경로를 보여 주고 있다. 실제 경로와 적정 경로는 외환위기 이후 최근 들어 그 격차가 점점 더 커지고 있는데, 이 또한 〈표 4-6〉에 나타나 바와 같이 이시점 간 예산제약조건을 충족시키지 못하고 있다는 사실을 뒷받침하고 있다.

사실 〈그림 4-1〉은 몇 가지 흥미로운 점들을 시사하고 있는데, 우리나라의 실제국가채무는 외환위기 이전까지는 지속가능 수준보다는 상당히 낮은 수준이 지속되었다. 국가채무는 적정 경로상에 위치하지는 않았지만 재정건전성에 대해 유의할 만한 사항은 아니었다. 하지만 외환위기 이후 상황은 반전되어 재정적자의 지속으로 인한 국가채무는 지속가능 경로를 크게 웃돌기 시작하였으며, 〈그림 4-1〉은 단위근 검정 결과가 외환위기 이후 국가채무 문제를 제대로 설명하지 못한 이유를 설명해 주고 있다. 또한 지속가능 검정을 위한 Campbell-

<그림 4-1> 우리나라 국가채무의 지속가능성

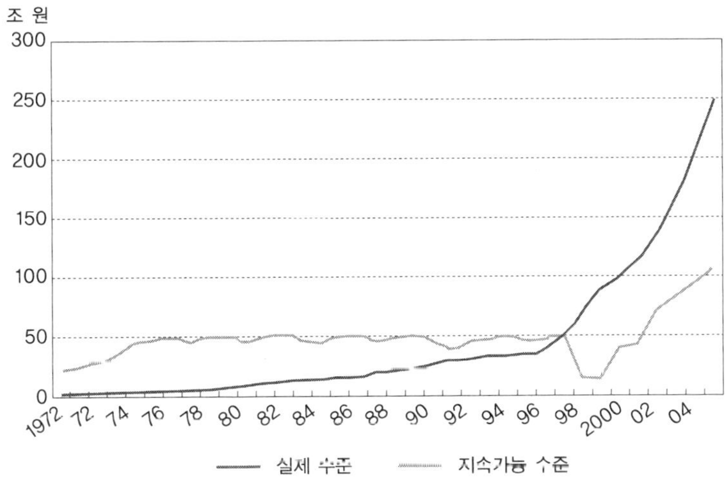

Shiller 검정방법의 유용성을 입증해 주고 있다.

Croce and Juan-Ramón(2003) 또한 한국, 인도네시아, 태국 등을 포함한 12개국 재정의 지속가능성을 검정한 바 있는데, 위의 세 국가 모두 외환위기 이후 국가채무의 지속가능 경로로부터 지속가능하지 못한 경로로 전환되었다는 사실을 보여 주고 있다.

3. 우리나라 재정의 향후 전망

우리나라의 재정지출 구조를 전망해 보면 복지재정지출의 확대, 저성장 기조의 지속, 저출산 및 고령화에 따른 인구 구성의 변화 등 경제사회적 요인의 변화 및 남북협력의 확대 전망에 따른 지속적인 재정수요 증대는 재정 구조에 막대한 영향을 미칠 것으로 전망된다.

또한 지속적인 재정적자와 국공채의 발행에 따른 국가채무의 누적은 향후 전개되는 사회경제적 요인의 변화에 따른 재정수요의 증대와 함께 우리 재정 구조의 변화를 요구하고 있으며, 이는 우리나라 재정의 건전성을 악화시킬 개연성이 심화된다.

가. 재정수지 및 국가채무의 전망

정부의 『2012-2016년 국가재정운용계획』[6]에 따르면 사회보장성 수지를 제외한 관리대상수지는 세입 기반 확충 및 지출 효율화 등 재정건전화 노력에 힘입어 2012-2014년간 매년 전년보다 10조-15조 원 수준의 수지 개선효과가 발생하여 2014년에 균형재정을 달성할 수 있을 것으로 전망된다.

관리대상수지는 2013년에는 적자 규모를 GDP 대비 △0.3%로 축소(2012년 △1.1%)하여 균형재정 기조를 유지할 계획이다. 2014년 이후부터는 관리대상수지 흑자 규모를 점차 확대하여 2016년에는 GDP 대비 0.5%의 흑자를 달성할 전망이다.

사회보장성기금 수지를 포함한 통합재정수지도 2012-2016년 계획기간 중 흑자를 유지하면서 매년 4조-12조 원의 수지가 개선되어 2016년에는 GDP 대비 2.9%까지 개선될 것으로 전망된다.(〈표 4-7〉 참조)

하지만 중기재정계획은 매년 수립될 때마다 중기전망이 크게 수정됨에 따라 지나치게 낙관적인 전망이 기초하고 있다는 인상을 지울

6) 대한민국 정부, 『2012-2016년 국가재정운용계획』, 2012.

〈표 4-7〉 국가재정운용계획 중기전망(2012-2016)

(단위: 조 원, %)

	2012	2013	2014	2015	2016	연평균 증가율
재정수입 (증가율)	343.5 (9.3)	373.1 (8.6)	396.1 (6.2)	415.2 (4.8)	439.1 (5.7)	6.3
재정지출 (증가율)	325.4 (5.3)	342.5 (5.3)	357.5 (4.4)	373.1 (4.4)	389.7 (4.4)	4.6
관리재정수지 (GDP 대비)	△14.3 (△1.1)	△4.8 (△0.3)	1.0 (0.1)	2.2 (0.1)	8.3 (0.5)	
통합재정수지 (GDP 대비)	18.1 (1.4)	30.6 (2.2)	38.6 (2.6)	42.1 (2.6)	49.4 (2.9)	
국가채무 (GDP 대비)	445.2[1)] (34.0*)	464.8 (33.2)	470.6 (31.4)	481.2 (29.9)	487.5 (28.3)	
조세부담률 국민부담률	19.8 26.0	19.8 26.1	20.2 26.6	20.4 26.8	20.5 27.0	

자료: 대한민국 정부, 『2012-2016년 국가재정운용계획』, 2012.
주: 1) 2012년 전망치 기준(2012년 예산 기준은 445.9조 원, 33.3%).

수 없다. 즉, 재정수지의 중기전망은 앞서 논의한 바와 같이 우리나라의 재정지출 규모가 확대되고 재정지출 구조가 최근과 같은 전환 과정이 지속된다면 향후 우리 재정의 건전성은 훼손될 개연성이 있음을 부인하기 어렵다.

통합재정수지의 경우 중기전망은 현재와 같이 당분간 사회보장성 기금수지 흑자에 힘입어 흑자 기조를 유지할 것으로 전망된다. 그러나 관리대상수지의 적자는 점차 줄어들지만 유럽 재정위기 이후 지속되는 경기침체와 재정수요의 확대에 따라 적자 기조가 지속될 가능성이 높다.

통합재정수지의 장기전망의 경우는 현재의 사회보장성 기금수지 흑자가 적자로 전화되고 재정환경의 변화에 따라 2023년에는 통합재정수지마저 적자로 바뀌게 되어 2050년에는 GDP 대비 4.3% 적자를 기록할 것으로 전망된다.[7)]

한편, 사회복지 및 보건 분야 지출이 증가하면서 통합재정지출 규모는 2011년 GDP 대비 23.1% 수준에서 2050년 35.6%로 12.5%포인트 증가해 통합재정수지가 2026년부터 적자로 돌아서 2050년에는 적자 규모가 GDP의 10%에 이를 것으로 분석된다.[8)] 이에 따라 2011년 GDP 대비 31.4% 수준인 국가채무는 2022년 28.9%까지 하락하였다가 상승세로 반전, 2050년에는 43.6%까지 확대될 것으로 추정되었다. 특히, 1997년 15.1조 원이던 복지지출은 지난해 42.5조 원으로 급증하였고, 2050년에는 건강보험 지출액이 무려 360조 원에 달할 것으로 예상된다.

최근의 재정지출 및 세입 구조의 변화를 살펴볼 때 재정지출 증가에 비해 세수 확보가 상대적으로 부진한 '지출 증가 · 세수 부진'의 늪에 빠질 경우 재정건전성은 더욱 악화될 수 있는 가능성이 제기되고 있다. 향후 세입이 부진할 수 있는 요인으로 우선 잠재성장률의 지속적인 저하를 꼽을 수 있는데, 저출산 · 고령화 효과를 고려하면 우리 경제의 잠재성장률은 2030년대 2.2%, 2040년대 1.2%, 2050년대 이후 0.5% 등 2040년 이후 1%대로 크게 낮아질 것으로 예상된다.[9)] 또한 선진국들이 법인세 인하 등 감세정책을 펴는 마당에 우리만 세율을 올

7) 삼성경제연구소(2007)는 GDP 대비 중앙정부의 통합재정수입은 2050년에 27.7%, GDP 대비 중앙정부의 통합재정지출은 32.0%로 예상됨에 따라 GDP 대비 적자는 4.3%로 전망함.
8) 한국조세연구원(2007)은 『한국의 장기재정 모형』에서 인구 구조, 거시경제, 재정 등 3개 부문 간 상호 연관을 명시적으로 고려하는 장기재정모형을 구축해 2050년까지 우리나라의 재정을 전망함.
9) 문형표, 「국민연금의 지속가능성」, 『인구고령화 노후 소득보장』, 한국개발연구원, 2005.

리기는 힘들고, 비과세 · 감면제도 및 징세 기반이 취약하여 세수 확보가 부진해 누수 요인이 확산되고 있는 측면도 간과할 수 없다.

『2012-2016년 국가재정운용계획』에 의한 국가채무의 중기전망에 따르면 2012-2016년 기간 중 국가채무의 증가 추세는 지속되지만 현재의 증가 속도에 비해 지나치게 보수적으로 전망을 한 측면이 있다. 향후 5년간 국가채무는 445.2조 원에서 487.5조 원으로 증가하지만 연평균 증가율은 2.4%에 불과하며, 이는 1997-2002년 기간의 연평균 증가율 24.3%, 2002-2007년 기간의 연평균 증가율 25.2%, 2007-2012년 기간의 연평균 증가율 9.9%에 비해 많이 낮게 잡아 전망한 것이다. 더구나 국가채무의 GDP 대비 비중은 2012년의 34.0%에서 2016년에 28.3%로의 축소를 예상하고 있다. 이는 현재의 저성장 · 고령화 및 복지수요의 대폭 확대를 전혀 반영하지 않은 현실성이 결여된 전망이라고 할 수 있다.

재정수지 및 국가채무의 장기전망은 〈표 4-8〉에서 살펴볼 수 있는데, 이들 장기전망치들은 현행 제도 및 정부정책이 유지된다는 전제

〈표 4-8〉 재정수지 및 국가채무의 장기전망

(단위: GDP 대비, %)

연도	조세 부담률	국민 부담률	통합재정 수입	통합재정 지출	통합재정 수지	관리대상 수지	국가 채무
2020	20.88	27.05	25.49	24.25	1.24	-1.54	29.48
2030	21.31	27.97	26.15	26.93	-0.78	1.70	30.87
2040	21.67	28.68	26.02	30.34	-4.32	-1.80	35.85
2050	21.97	29.27	24.92	35.57	-10.65	-1.94	43.55

자료: 한국조세연구원, 『한국의 장기재정모형』, 2007.

하에 나온 것이며 향후 증세정책이 추진되거나 새로운 복지 프로그램이 도입될 경우, 현행 예산사업이 확대돼 지출 증가 규모가 커질 경우 향후 우리나라의 재정상황은 전망 결과보다 훨씬 더 악화될 수 있다는 가능성을 고려해야 한다.

나. 복지재정지출 구조의 전망

1) 지난 10년간의 복지재정의 운용

앞서 논의한 바와 같이, 2003년 이후 정부는 복지재정을 대폭 확충하였는데, 2006년까지 복지 분야 예산은 통합재정 기준으로 연평균 20.1%씩 증가하였다. 이는 정부예산의 연평균 증가율인 10.3%의 거의 두 배 수준으로서, 예산의 분야 간 구조조정을 통해 복지 분야 투자를 대폭 확충하였다. 2007년 이후 2011년까지는 증가율이 약간 둔화되어 연평균 9.7% 증가하였지만 정부 총지출 증가율을 상회하는 한편, 다른 분야에 비해 높은 증가율을 유지하여 왔다.[10)]

이에 따라 2002년에 10.9%이던 전체 재정 중 복지지출 비중(통합재정 기준)이 2004년에는 24.5%로 대폭 상승한 반면, 경제지출 비중은 2002년 22.6%에서 2004년 23.2%로 비슷한 수준을 유지하여 복지지출 비중이 경제지출 비중을 최초로 역전하였다. 또한 공공사회지출이

10) 보건 · 복지 · 노동 분야 재정투자 추이

	2007	2008	2009	2010	2011	연평균 증가율
보건 · 복지 · 노동 분야(조 원)	61.4	67.7	74.6	81.2	86.4	9.7%

자료: 대한민국 정부, 『20011-2015년 국가재정운용계획』, 2011.

GDP에서 차지하는 비중도 2002년 5.4%에서 2003년 5.7%로 상승하였다.

특히, 경제환경이 저출산 · 고령화, 저성장, 양극화 등 복잡다기해짐에 따라 장기적 종합전략 마련 및 대응체계 구축을 마련하고 중장기적인 관점에서 사업들을 추진하였다.

우리나라 2006년 합계출산율은 1.13명으로 OECD 국가 중에서 가장 낮은 수준인 데 반해 고령화는 세계에서 가장 빠른 속도로 진행되고 있다. 이러한 저출산 · 고령화 문제에 본격 대응하기 위하여 단기적으로는 생산인구 감소, 소비 · 투자 위축으로 이어져 경제성장 기반의 약화를 초래하고, 장기적으로는 노인을 부양하기 위한 조세 · 사회보장비 부담을 늘리도록 하였다.

또한 일을 통한 복지(workfare) 실현 등 복지정책과 고용정책 간 연계 강화, 장애인 복지제도화 및 재정투자 체계화 방안 마련, 사후치료 중심에서 예방투자 중심의 건강투자로 전환, 복지지출 확대와 함께 지출효율화를 위한 제도 개선 등을 추진하였다.

그간 우리나라는 단기간 내에 국민연금 · 건강보험 등 4대 사회보험과 국민기초생활보장제도 등 보편적 공공부조의 틀을 마련하였고 장애인연금 등 취약계층에 대한 사회안전망도 대폭 확충하였다. 제1차 저출산 · 고령사회 기본계획에 따라 보육비 지원대상을 확대하여 양육비 부담을 경감하고, 기초노령연금 · 노인장기요양보험 도입으로 노후소득 보장과 요양지원을 위한 제도적 기반의 틀을 구축하였다.

그러나 최근 남유럽 국가들의 재정위기 상황과 맞물려 우리나라 복지재정의 중장기 지속가능성 확보가 핵심 재정과제로 대두되고 있다. 또한 급속히 확대된 복지지출 규모에도 불구하고 국민들의 복지 체감도는 여전히 낮다는 문제도 지적되고 있다.[11)]

2) 향후 복지재정의 전망

『2011-2015년 국가재정운용계획』에 의하면 향후 복지정책 방향 및 재정투자 방향을 설정할 경제 · 사회 및 정책환경을 다음과 전망하고 있다.

첫째, 저출산 · 고령화가 빠르게 진행될 전망이다. 평균수명 연장 및 출산율 저하에 따라 우리 사회는 빠르게 고령화되고 있으며, 향후에도 이런 추세는 지속될 전망이다. 또한 핵가족화, 여성의 사회참여 확대 등으로 아동양육, 청소년 문제 해결, 노인부양에 대한 복지 요구가 높아질 것으로 예상된다.

둘째, 지난 5년간의 정책기조를 유지하려고 한다. 이에 따라 사회투자 확대, 저출산 · 고령화 대응 등 기존의 복지정책 기조를 유지하는 한편, 사회보험이 성숙됨에 따라 복지재정 투자 규모는 지속 확대될 것으로 예상된다.

셋째, 성장잠재력 강화를 위한 투자 확대 및 사회안전망 강화를 추진한다. 특히, 중장기적인 성장잠재력 확충을 위해 보육투자, 사회서비스 일자리 등을 지속 확대하여 성장과 복지 간의 동반성장전략을 추진할 것이다. 이와 함께 장애인, 노인, 아동 등 취약계층에 대한 지원 및 주거안전망을 강화하여 복지사각지대를 최소화할 계획이다.

11) 대한민국 정부, 『국가재정운용계획』, 각 연도.

넷째, 복지지출 효율화 및 효과성 제고를 위해 제도 개선을 지속적으로 추진한다. 또한 투자된 재원의 효과적 활용을 위해 수요자 중심의 복지전달 체계 개선 등 복지사업의 효과성 제고를 지속 추진하고, 복지에 대한 지방재정 부담의 형평성을 확보하는 등 효율성 제고를 위해 제도 개선을 지속 추진할 것으로 예상된다.

2011-2015년 기간 중 복지정책 방향 및 재정투자 방향의 설정 및 세부분야별 재정투자 방향에 관해 논의한 바에 따라 사회복지 · 보건분야 재정지출계획을 전망해 볼 수 있다. 『2011-2015년 국가재정운용

〈표 4-9〉 복지 · 보건 · 노동 분야 재정지출 전망

(단위: 10억 원, %)

	2011	2012	2013	2014	2015	연평균 증가율
사회복지 · 보건	86,393	91,963	97,309	102,790	108,252	5.8
사회복지분야	78.893	84,150	89,147	94,505	99,651	6.0
• 기초생활 보장	7,524	7,910	8,384	8,315	8,664	3.6
• 취약계층 지원	1,343	1,389	1,387	1,432	1,487	2.6
• 공적연금	28,183	31,408	34,926	39,638	43,933	11.7
• 보육 · 가족 · 여성	2,876	3,007	3,133	3,269	3,411	4.4
• 노인 · 청소년	3,876	4,009	4,127	4,245	4,369	3.0
• 노동	12,618	12,790	13,446	13,612	14,058	2.7
• 보훈	3,874	4,064	4,270	4,335	4,502	3.8
• 주택	18,054	18,983	18,830	18,980	18,588	0.7
• 사회복지 일반	546	591	644	679	641	4.1
보건분야	7,500	7,813	8,102	8,285	8,601	3.5
• 보건의료	1,560	1,563	1,551	1,542	1,497	Δ1.0
• 건강보험	5,710	6,011	6,359	6,482	6,833	4.6
• 식품의약 안전	230	240	252	262	271	4.2

계획』에 의한 향후 5년간(2011-2015) 사회복지 · 보건 분야 재정지출은 연평균 9.7% 증가될 것으로 전망된다.(〈표 4-9〉 참조)

제 5 장

우리나라 재정지출 구조 전환에 따른 과제

우리나라 재정지출 구조 전환에 따른 과제

1. 재정지출 구조 전환의 장애 요인 및 중장기 재정위험

우리나라 재정에서 향후 가장 큰 변화가 예상되는 분야는 복지 분야 지출이 확대되리라는 점이다. 사실 우리나라 지출 구조는 2003년 이후 이미 본격적인 구조 전환이 이루어지고 있으며, 앞서 제2장에서 이미 살펴보았듯이 총재정지출 대비 복지 분야 지출이 2002년의 20.5%에서 2007년에 25.9% 크게 증가한 사실에 비추어 보아서도 잘 알 수 있다.

현재 통합재정수지가 소폭 흑자를 기록하고 있으나 관리대상수지는 적자이고 국가채무도 빠른 증가 추세를 보이는 상황에서 양극화 해소 및 고령화 사회에 적극 대응하기 위한 재정지출 구조의 전환이 지속된다면 재정건전성이 훼손되는 것은 필연적이며 재정 구조 전환 과정에서 장애 요인으로 작용하게 될 것이다.

국가채무의 지속적인 증가는 재정운영 측면에서 많은 문제점을 야기하게 된다. 이자 부담이 증가하여 여타 투자사업에 투입될 자금

이 고갈되며, 이자 부담의 증가는 재정적자를 확대하고 국채 잔고를 상승시켜 이자 부담을 가중시키는 악순환의 고리로 이어질 수 있다.

한편, 국민경제적 측면에서 국가채무의 증가는 이자율을 상승시키는 요인으로 작용할 뿐만 아니라 우리 경제의 대외적 취약점을 증가시킬 것이다.

또한 저출산 · 고령화의 진전 및 잠재성장률의 저하는 다양한 중장기적 재정위험을 발생시킬 개연성이 높기 때문에 재정의 지속가능성에 대해서는 어두운 전망이 전개된다. 즉, 세계에서 가장 낮은 출산율, 급속한 고령화는 복지지출의 대폭적인 확대가 예상되는데, 현행 복지제도를 유지하더라도 앞으로 연금 및 의료 분야 지출 증가에 따라 2050년에는 연금 및 의료지출 비중이 GDP 대비 17.8%, 국가채무 비중은 GDP 대비 137.7%로 크게 상승할 것으로 예상된다.[1)]

또한 우리나라 잠재성장률은 생산성 저하, 노동공급 둔화 등에 따라 2010년대 4.0%에서 2020년대 2.7%, 2030년대 1.8%로 하락함에 따라 향후 성장률 저하에 따른 세입 증가 둔화 및 성장잠재력 확충을 위한 재정지출 증가 등이 우려된다.[2)] 아울러 우리나라는 외부충격에 취약한 소규모 개방경제로서 차후 글로벌 경제위기가 또 다시 발생한다면 경제 및 재정운용에 큰 부담으로 작용할 수 있으며, 통일비용 역시 우리나라의 특수한 잠재적 재정위험으로 작용할 수 있다.

1) 한국조세연구원, 『장기재정전망』, 2011.
2) 대한민국 정부, 『2011-2015년 국가재정운용계획』, 2011.

2. 중장기 재정위험의 선제적 대응 및 재정건전성 강화

최근 글로벌 재정위기 등 대외여건의 불확실성이 증대되고, 저성장 · 고령화 등 중장기 재정위험이 상존하고 있어 재정건전성을 조기에 회복하여 각종 재정위험에 대비한 재정여력을 확보할 필요가 있다.[3)]

앞으로 우리나라 경제가 최소한 잠재성장률을 상회하는 고성장을 이룩한다면 재정건전성 제고를 위한 성장률 경로를 채택할 수 있다. 하지만 실질성장률이 잠재치를 하회한다면 적극적인 고령화 사회에 대한 대응과 재정건전성의 양립을 달성하는 것은 어려운 선택이 되며, 이 경우 세출 구조의 개혁은 불가피해질 수밖에 없다.

저성장 · 고령화 사회에 적극 대응하기 위한 재정 구조 전환의 경우 고령화 사회에의 충실한 대응과 재정건전성 제고라는 두 가지 목표를 달성할 수 있는 방안이 마련되지 않고 경제성장률이 현저히 떨어진다면 재정위기의 가능성을 배제할 수는 없다. 사실, 공무원연금의 적자 누적 및 국민연금의 고갈가능성 등 연금기금의 구조적 문제, 국채 및 정부보증채의 이자 부담 증가, 양극화 해소 및 고령화 사회에 대한 대응 등 재정건전화를 저해하는 각종 요인이 잠재해 있는 상황은 세출 증가를 억제하는 데 실패할 가능성을 시사하고 있다.

또한 재정적자(관리대상수지)를 당연시하는 풍토가 조성되어 재정규율(fiscal discipline)이 무너질 경우 재정적자 및 국가채무는 겉잡을 수 없이 확대될 가능성이 있다. 즉, 우리나라가 재정적자국이 되지 않고

3) 대한민국 정부, 『2011-2015년 국가재정운용계획』, 2011.

국가채무를 줄여 나가기 위해서는 국민연금을 부분적으로 민영화해 복지지출 부담을 줄이고, 국가재정 운용계획 총량목표를 재정지출 총액 상한으로 법제화해야 하는 것을 검토할 필요가 있다.

향후 잠재적 재성위험을 극복하기 위해서는 재정개혁이 시급하며, 재정지출의 팽창을 억제할 수 있도록 정부기능을 시장친화적으로 조정해 개입 범위를 축소하고, 고령화에 대비해 국민연금과 건강보험을 개혁하는 한편, 농가소득 보전지출과 중소기업 운영자금 지원 등을 생산성 제고 효과를 기준으로 재편해야 한다. 더구나 안정적 세수 확보를 위해서는 효과가 불분명하고 복잡한 비과세 감면제도를 축소해 과세 기반을 확대하고 세정인프라를 개선하는 한편, 재정집행 효율화를 위해 지출상한선제도를 도입하고 성과주의 예산제도를 내실화하며 국회 예산정책처의 기능을 보강하여 재정감시 및 통제기능의 강화가 요구된다.

제 6 장 결론

결론

이 책의 목적은 지난 10여 년 간 우리나라 재정의 지출 구조 변화가 어떠한 요인과 정책적 배경에 의해 변화가 이루어져 왔으며, 어떠한 과정을 통해 전개되어 왔는지를 심층적으로 분석함으로써, 중장기 재정지출의 구조 변화가 저출산 및 고령화 추세에 얼마나 적합하며 참여정부의 복지정책 확대가 소득재분배 및 사회 전체의 성장잠재력 제고에 얼마나 기여하였는지를 분석하여 재정지출 확대 및 재정구조 변화에 대해 평가하는 데 있다.

따라서 OECD 선진국의 경험을 토대로 분야 및 부문별 우리나라 재정지출의 구조 변화를 전망하고 국가경영전략상 바람직한 재정지출의 전략적 우선순위를 제시하고, 바람직한 재정지출 구조 개선 과정에서 발생할 수 있는 장애 요인 분석 등 재정의 비효율성을 최소화할 수 있는 방안을 제시하는 데 기여하도록 서술되었다.

이 책은 고령화 사회 및 사회안전망 확충을 위한 복지지출의 확대가 국가경쟁력의 저해 및 도덕적 해이를 유발하는 과잉복지가 되지 않고 경쟁력 제고에 기여할 수 있는 방향으로 복지정책을 정교하게 운용하는 데 기여할 것이다. 또한 우리나라의 재정지출 구조 변화 요인 및 국제적 연동성을 파악함으로써 향후 재정 구조가 재정수입은 줄고 재정지출은 늘어가는 적자 구조로 변모해 갈 가능성이 높아지는 사회 · 경제적 환경하에서 재정건전성을 확보하고 바람직한 재정지출 구조로 전환하는 데 활용할 수 있을 것이다.

참고문헌

고영선, 「분야간 재정배분의 현황과 개선방향」, 『재정위험의 관리와 중장기 재정지출효율화방안』, 한국개발연구원 연구보고서 2004-7, 2004.

대한민국 정부, 『2012-2016년 국가재정운용계획』, 2012.

박형수, 「분야별 재정지출 구조의 국제비교」, 『재정포럼』 104호, 한국조세연구원, 2005.

안종범 외, 「복지지출수준의 국제비교」, 한국재정 · 공공경제학회, 『재정논집』, 제19집 제1호, 2004.

삼성경제연구소, 「경제활력 제고를 위한 재정과제」, CEO Information 제625호, 2007.

최준욱 · 류덕현 · 박형수, 『재정지출의 분야별 재원배분에 관한 연구』, 한국조세연구원, 2005.

최준욱 · 박찬균 · 이기영 · 이명헌 · 전영준, 『재정 금융 분야 고령화의 영향과 정책과제』, 한국조세연구원 · 한국개발연구원, 2005.

최준욱 · 박형수, 「참여정부의 재정운영성과와 향후 과제」, 2004 KIPF 재정포럼, 『참여정부의 재정운영성과와 향후 추진방향』, 한국조세연구원, 2004.

한국개발연구원, 『재정지출 효율화 방안』, 2004.

한국은행,『국민계정의 2000년 기준년 2차 개편 결과』, 2004.

한국조세연구원,『장기재정전망』, 2011.

______,『한국의 장기재정모형』, 2007.

______,『재정지출의 분야별 재원배분에 관한 연구』, 2001

현대경제연구원,「한국과 OECD 국가간 주요 재정지표 비교와 시사점」,『한국경제주평』, 07-33(통권 264호), 2007. 9.

Alesina, A. and Dani Rodrik, "Distributive Politics and Economic Growth," *Quarterly Journal of Economics*, 109(2),1994, pp. 465-90.

Arjona, R. M. Ladaique and M. Pearson, "Social Protection and Growth," *OECD Economic Studies*, 35, 2002/2, 2002, pp. 7-45.

______, "Growth, Inequality and Social Protection," Labour Market and Social Policy Occasional Paper No. 51. OECD, Paris, 2001

Baffes, J. and A. Shar, "Productivity of Public Spending, Sectoral Allocation Choices, and Economic Growth," *Economic Development and Cultural Change*, 46, 1998, pp. 291-303.

Barro, R., Government spending in a simple model of endogenous growth, *Journal of Political Economy*, 106, 1990, pp. 407-444.

Bleany, M., N. Gemmel, and R. Kneller, "Fiscal Policy and Growth: Evidence from OECD Countries," *Journal of Public Economics*, 74, 1999, pp. 171-190.

Bohn, H., "The Sustainability of Budget Deficits with Lump-Sum and with Income-Based Taxation," *Journal of Money, Credit, and Banking*, 23, 1991, pp. 580-604.

______, "The Behavior of U.S. Public Debt and Deficits," *Quarterly Journal of Economics*, 113, 1998, pp. 949-963.

Campbell, J. and R. Shiller, "Cointegration and Tests of Present Value Models," *Journal of Political Economy*, 95, 1987, pp. 1062-1088.

Chalk, N. and R. Hemming, "Assessing Fiscal Sustainability in Theory and Practice," IMF Working Paper No. 00/81, International Monetary Fund, 2000.

Colombier, Carsten, *Does the Composition of Public Expenditure Affect Economic Growth?*, Draft Swiss Federal Finance Administration, 2007.

Croce, E. and H. Juan- Ramón, "Assessing Fiscal Sustainability: A Cross-Country Comparison," IMF Working Paper No. 03/145, International Monetary Fund, 2003.

Delavallade, C., "Corruption and distribution of public spending in developing countries," *Journal of Economics and Finance*, 30, 2006, pp. 222-239.

Devarajan, Shantayanan, Vinaya Swaroop, and Heng-fu Zou, "The composition of public expenditure and economic growth," *Journal of Monetary Economics*, 37, 1996, pp. 313-344.

Di Matteo, L. and R. Di Matteo, "Evidence on the determinants of Canadian provincial government health expenditures: 1965-1991," *Journal of Health Economics*, 17(2), 1998, pp. 209-227.

European Commission, *Public Finances in EMU 2005*, 2005.

Forbes, K., "A Reassessment of the Relationship Between Inequality and Growth," *American Economic Review*, Vol. 90, No. 4, 2000.

Frijters, P., J. P. Haisken-DeNew, and M. A. Shields, "The causal effect of income on health: Evidence from German reunification," *Journal of Health Economics*, 24, 2005, pp. 997-1017.

Fuller, W., *Introduction to Statistical Time Series*, John Wiley & Sons, 1976.

Gerdthan, U. G. and M. Lothgrem, "On stationarity and cointegration of international health expenditure and GDP," *Journal of Health Economics*, 19, 2000, pp. 461-471.

Gramlich, M. E. and D. L. Rubinifeld, "Micro estimates of public spending demand functions and tests of the Tiebout and median-voter hypothesis," *Journal of Political Economy*, 90(3), 1982.

Hakkio, C. S. and M. Rush, "Is the Budget Deficit Too Large?," *Economic Inquiry*, 29, 1991, pp. 429-445.

Hamilton, J. and M. Flavin, "On the Limitations of Government Borrowing: A Framework for Empirical Testing," *American Economic Review*, 76, 1986, pp. 809-819.

Hansen, P. and A. King, "The determinants of health care expenditure: A cointegration approach," *Journal of Health Economics*, 15, 1996, pp. 127-137.

Hesson, P. and M. Henrekson, "A New Framework for Testing the Effect of Government Spending on Growth and Productivity," *Public Choice*, 81, 1994, pp. 381-401.

Hewitt, D. P., "Military expenditures worldwide: determinants and trends, 1972-1988," *Journal of Public Policy*, 12(2), 1992, pp. 112-152.

Hewitt, D. P., "Military Expenditures 1972-1990: The ReasonsBbehind the Post-1985 Fall in World Military Spending," IMF Working Paper WP/93/18. Washington, D.C.: International Monetary Fund, 1993.

IMF, *Government Finance Statistics Yearbook*, various issues.

Koo, Chung Mo, "Fiscal Performance, Public Debt and Fiscal Consolidation in Korea," Yoshinori Shimizu, ed., *Economic Dynamism of Asia in the New Millenium*, World Scientific Publishing Co., 2007.

Kremer, J., "U.S. Federal Indebtedness and the Conduct of Fiscal Policy," *Journal of Monetary Economics*, 23, 1989, pp. 219 238.

Kwame P. G. and U. G. Gerdthan, "Determinants of health care expenditure in Africa: a cross-sectional study," *World Development*, 20(2). 1992.

Kwiatkowski, D., P, Phillips, P. Schmidt, and Y. Shin, "Testing the Null Hypothesis of Stationarity against the Alternative of a Unit Root," *Journal of Econometrics*, 54, 1992, pp. 159-178.

Mahdavi, S., "Shifts in the composition of government spending in response to external debt burden," *World Development*, 32(7), 2004, pp. 1139-1157.

Marlow, M. L. and A. F. Shiers, "Do law enforcement expenditures crowd-out public education expenditures?," *Applied Econometrics*, 31, 1999, pp. 255-266.

Mauro, P., "Corruption and the composition of government expenditure," *Journal of Public Economics*, 69, 1998, pp. 263-279.

Milanovic, B., "The Median Voter Hypothesis, Income Inequality and Income Redistribution: An Empirical Test with the Required Data," World Bank, Development Research Group, Washington DC., 1999.

Nader, H., "Budgetary policy and political liberty: a cross-sectional analysis," *World Development*, 22(4), 1994, pp. 576-586.

OECD, *Social Expenditure 1960-1990 Problems and Growth*, 1985.

______, *National Accounts: Detailed Tables 1960/1997*, Vol. 2, 1999.

______, (Dang, Thai Than, Pablo Antolin, and Howard Oxley), "Fiscal Implications of Ageing: Projections of Age-related Spending," Economics Department Working Paper 305, 2001.

______, *1980-1998 20 Years of Social Expenditure the OECD Database*, 2002.

______, *National Accounts of OECD Countries*, Vol. IV: *General Government Accounts*, 1992-2003, 2004.

______, *OECD Economic Outlook*, 2005.

Ouattara, B., "Foreign aid and government fiscal behaviour in developing countries: panel data evidence," *Economic Modelling*, 23, 2006, pp. 506-514.

Perotti, R., "Fiscal Policy, Income Distribution and Growth," *Review of Economic Studies*, 60, 1993, pp. 755-776.

______, "Income Distribution and Investment," *European Economic Reviews*, 38, 1994, pp. 827-835.

______, "The Size and Scope of Government: Comparative Politics with Rational Politicians," *European Economic Review*, 43. 1999.

Samuelson, Paul A., "The pure theory of public expenditure," *Review of Economics and Statistics*, 36, 1954, pp. 387-389.

Sanz, I. and Francisco J. Velázquez, "Determinants of composition of government expenditure by function," Working Paper 13/2002, European Economy Group, 2002.

Trehan, B. and C. Walsh, "Common Trends, The Government's Budget Constraint, and Revenue Smoothing," *Journal of Economic Dynamics and Control*, 12, 1988, pp. 425-444.

______, "Testing Intertemporal Budget Constraints: Theory and Applications to U.S. Federal Budget and Current Account Deficits," *Journal of Money, Credit, and Banking*, 23, 1991, pp. 206-223.

Weede, E., "Sectoral Reallocation, Distributional Coalitions and the Welfare State as Determinants of Economic Growth Rates in OECD Countries," *European Journal of Political Research*, 14, 1986, pp. 501-519.

Zellner, A., "An efficient method of estimating seemingly unrelated regressions and tests for aggregation bias," *Journal of the American Statistical Association*, 57, 1962, pp. 348-368.